W0072883

Paul M. Zulehner/Anna Hennersperger

Damit die Kirche nicht rat-los wird

Pfarrgemeinderäte für zukunftsfähige Gemeinden

Schwabenverlag

Die diesem Buch zugrundeliegende Studie wurde vom Pastoralen Forum Wissenschaft durchgeführt.

Mix
Produktgruppe aus vorbildlich bewirtschafteten
Wäldern und anderen kontrollierten Herkünften
www.fsc.org Zert.-Nr. GFA-COC-001278
© 1996 Forest Stewardship Council
FSC

Für die Schwabenverlag AG ist Nachhaltigkeit ein wichtiger Maßstab ihres Handelns. Wir achten daher auf den Einsatz umweltschonender Ressourcen und Materialien.
Dieses Buch wurde auf FSC-zertifiziertem Papier gedruckt. FSC (Forest Stewardship Council) ist eine nicht staatliche, gemeinnützige Organisation, die sich für eine ökologische und sozial verantwortliche Nutzung der Wälder unserer Erde einsetzt.

Umschlaggestaltung: Finken & Bumiller, Stuttgart
Umschlagabbildung: PhotoCase.com/lady blue
Gesamtherstellung: Schwabenverlag, Ostfildern
Hergestellt in Deutschland

ISBN 978-3-7966-1504-7

Inhalt

Auftakt

»Der Reichtum der Kirche sind die Menschen.« So wird in Bayern die Pfarrgemeinderatswahl 2010 beworben. Viele Frauen und Männer, junge und alte, setzen in den Pfarrgemeinderäten unseres Landes Zeit, Phantasie und Kraft ein. Sie machen dies aus gläubiger Überzeugung. Würden sie fehlen, könnte die Kirche ihren Auftrag für die Menschen im Land längst nicht mehr erfüllen. Ohne diese vielen Menschen wäre sie buchstäblich rat-los.

Frauen und Männer, die sich in Pfarrgemeinderäten engagieren, sind aber nicht nur für das kirchliche Leben eine große Bereicherung. Sie reichern auch das kulturelle und gesellschaftliche Leben an. Sie sind, so werden wir in gebotener Kürze[1] darlegen, »eine kulturelle Elite«.

Was aber »bringen« die Pfarrgemeinderäte den Kirchengemeinden und ihrer Lebendigkeit konkret? Was motiviert sie, sich zu engagieren? Sind ihre Mitglieder mit dem Gremium und seiner Arbeitskultur zufrieden? Solche Zufriedenheit ist auch deshalb wichtig, weil es dann attraktiv ist, für einen Pfarrgemeinderat zu kandidieren und – gewählt oder berufen – entscheidend mitzugestalten.

Pfarrgemeinderatsstudie

Um die Bedeutung der Pfarrgemeinderäte für das Leben der Kirche zu klären, wurde 2009 eine breit angelegte Internet-gestützte Studie unter Mitgliedern der österreichischen Pfarrgemeinderäte durchgeführt.[2] Diese hat mit wissenschaftlichen Instrumenten

---

1 Mehr dazu in dem diesem Buch zugrundeliegenden Forschungsbericht: Zulehner, Paul M./Müller, Wolfgang/Sieberer, Balthasar (Hg.): Der Reichtum der Kirche sind ihre Menschen. Pfarrgemeinderäte für zukunftsfähige Gemeinden, Ostfildern 2010.

2 Von den 30 000 Personen haben sich 7 400 beteiligt; von jenen, die einen E-Mail-Account besitzen, nahezu 40 %. Die Antworten auf die fünf offenen Fragen umfassen 6 000 Seiten: ein wahrer Schatz für die Verantwortlichen der Kirche wie für die pastoraltheologische Forschung. Mehr dazu: Zulehner u. a.. (Hg.), Der Reichtum der Kirche sind ihre Menschen. Dazu auch die Umfragehomepage: www.univie. ac.at/umfrage-pmz.

die oft langjährigen Erfahrungen von Pfarrgemeinderätinnen und -räten gesichtet. Wichtige Fragen dieser Studie sind:

- Was motiviert die Mitglieder eines Pfarrgemeinderats, sich zu engagieren?
- Aus welchen spirituellen Quellen schöpfen sie?
- Wie schätzen sie die Entwicklung ihrer Pfarrgemeinde in den nächsten zehn Jahren ein? Was macht sie beim Blick in die Zukunft hoffnungsvoll oder besorgt?
- Wie erleben sie die derzeitig laufenden Umstrukturierungen der pastoralen Räume? Ändern sich dadurch die Aufgaben der Pfarrgemeinderäte? Erhalten sie neue attraktive Aufgaben?
- Wie spielt sich die alltägliche Arbeit im Pfarrgemeinderat ab: Welche Themen werden behandelt? Welche fallen unter den Tisch?
- Welche Rolle schreibt man sich selbst zu? Welche Kompetenzen und Eigenschaften sollten Pfarrgemeinderätinnen und Pfarrgemeinderäte haben?
- Wer leitet wie? Und wie sollte Leitung geschehen? Wie ist das Verhältnis zwischen Pfarrgemeinderat und Pfarrer?
- Kommt im Pfarrgemeinderat ein Teamgeist auf, der beflügelt? Wird Gemeinschaft erlebt?
- Welche Stärken haben Pfarrgemeinderätinnen und Pfarrgemeinderäte, aber auch welche Beeinträchtigungen werden erlitten?
- Tauchen bei der Arbeit Konflikte auf und (wie) werden diese bearbeitet?

Tragfähige Motivation

Wie ein roter Faden durchzieht die Ergebnisse eine enorme Bereitschaft, das Leben und Wirken der Pfarrgemeinde nachhaltig mitzutragen. Die Motivation in vielen Pfarrgemeinderäten ist groß. Ihre Mitglieder bewegt ein gläubig verstandener Auftrag (von Gott, von Jesus Christus, seiner Kirche, von jenen, die sie gewählt haben). Diesen vorfindbaren Auftrag verbinden sie mit dem Wunsch, dabei ihre eigenen Fähigkeiten (Charismen) zu entfalten.

Pfarrgemeinderäte und -rätinnen sind also zugleich am Gemeinwohl der Pfarre/der Kirche wie an ihrer von Gott zugemuteten persönlichen Entfaltung interessiert – und beides zusammen stärkt die Qualität ihrer Arbeit.

- An ihre Mitarbeit stellen die Befragten hohe Ansprüche. Sie wollen erleben, dass es sich auch wirklich lohnt, Zeit, Phantasie und Lebenskraft zu investieren.
- Eines ihrer zentralen Anliegen ist es, »entscheidend zu gestalten«. Sie wollen mitmachen, aber nicht um jeden Preis.

Schwere Sorgen

Die breit gefächerte Motivation ist aber von großen Sorgen hinsichtlich der Zukunft der Pfarrgemeinde überschattet. Wir stoßen also in der Studie auf helles Licht und auf dunkle Schatten: Pfarrgemeinderäte sind sowohl hoch motiviert als auch tief besorgt. Das sind vorwegnehmend die riesengroßen Sorgen:

- Werden morgen Menschen in den Gottesdienst kommen?
- Werden morgen Kinder und junge Menschen das Evangelium annehmen und sich der Pfarre anschließen?
- Wird es möglich sein, genug Ehrenamtliche zum Mitmachen zu gewinnen?
- Werden wir morgen noch einen Priester haben?
- Werden wir überhaupt noch eine selbstständige Pfarrgemeinde sein?

Es ist letztlich eine Sorge ums Überleben. Das Gefühl sitzt tief, dass es nicht mehr gesichert ist. Viele trauen angesichts dieser Lage den verbreiteten Durchhalteparolen nicht. Sie fürchten, dass die eigene Pfarre nicht auf dem Weg in neue, wenngleich veränderte Gestalt ist. Die Zeichen stehen emotional nicht auf Übergang, sondern auf Untergang.

Dieses Grundgefühl macht sich an konkreten Vorgängen fest. So zeigen sich Zweifel beim derzeit laufenden Umbau der Kirchengestalt, näherhin der Neuordnung der Seelsorgeräume. Natürlich wissen viele Befragte, dass angesichts der großen Veränderungen in der Kultur (Glaube ist kein »Schicksal« mehr, sondern ein Thema persönlicher Wahl) eine Weiterentwicklung in Richtung missionarische Seelsorge ansteht. Sie wollen das Evangelium vor allem in das Leben junger Menschen und Kinder einpflanzen und hoffen, dass auf diese Weise zumindest einige ihre gottgegebene persönliche Berufung erkennen und sich auch für das Leben und Wirken der Pfarrgemeinde einsetzen.

Statt sich aber diesem zukunftsträchtigen Anliegen hingeben zu können, erleben viele, dass sie mit mühsamen und allein am Priestermangel ausgerichteten Strukturreformen beschäftigt sind, zu deren Gestaltung sie selbst kaum etwas beitragen können. Sie erfahren kaum Verbesserung, sondern befürchten hohen Verlust.

Erreicht die Belastbarkeit ihre Grenze?

Die Lage der Pfarrgemeinderäte erweist sich somit als höchst komplex. In vielen Antworten auf die offene Frage nach der Zukunft der Pfarrgemeinde ist zu spüren, dass nicht wenige an die Grenze der Belastbarkeit gelangt sind. Dass sie sich dennoch derart engagieren, erscheint wie ein Wunder. Pfarrgemeinderäte verfügen offenbar über starke spirituelle Ressourcen, die auch in harten Zeiten (aber wie lange noch?) tragen.

Wie sehr die Belastbarkeit bei vielen an ihre Grenzen gekommen ist, zeigt sich daran, dass diese Pfarrgemeinderäte und -rätinnen überlegen, ob sie überhaupt nochmals kandidieren werden. Sie erleben zudem, dass es immer schwieriger wird, neue Leute für die Arbeit zu gewinnen.

Ins Positive gewendet: Noch hoffen viele Pfarrgemeinderäte, dass die Verantwortlichen der Kirche ihre Sorgen verstehen – und das nicht nur in empathischen Predigten. Sie hoffen, dass sich die Amtsträger einer wirklichen Bearbeitung nicht unentwegt dadurch entziehen, dass sie auf die weltkirchliche Ebene verweisen. Die theologisch gut gebildeten Mitglieder der Pfarrgemeinderäte wissen, dass Bischöfe nicht nur (blind) gehorchende Befehlsempfänger der Kirchenzentrale sind. Sie erwarten, dass sie als Vertreter der Ortskirchen kollegial die Verhältnisse in der Weltkirche aktiv weiterentwickeln, mutig vor Ort die Zeichen der Zeit erkennen und Entwicklungen in Gang setzen, die wirklich entlasten und Mut machen. Sie gehen davon aus, dass die Weltkirche aus den Erfahrungen der Ortskirche lernen kann und muss. Viele ahnen: Ändert sich nicht bald wirklich etwas, ist bei sehr vielen heute Engagierten die vorhandene Motivation morgen gefährdet, in fatalistische Resignation zu kippen.

Ermutigungen

Ein Hauptanliegen der Studie ist Ermutigung. Dazu gilt es, jene Entwicklungsmöglichkeiten der Pfarrgemeinderäte und ihrer Arbeit aufzudecken, die entlasten. Die Umfrage will ausloten, wie das Engagement im Pfarrgemeinderat für neue und auch für jüngere Personen attraktiv werden kann. Damit eben die Kirche nicht eines Tages rat-los wird.

Ermutigen ist allerdings ein schillerndes Anliegen. Es kann viele Färbungen haben:

- Manchmal sagen wir ermutigen, meinen aber *vertrösten*. Ermutigen mutet dann wie eine folgenlose Durchhalteparole in schwierigen Zeiten an. Es erinnert an das Pfeifen ängstlicher Kinder im Wald. Den Betroffenen werden durch solche Ermutigung die aufgeladenen schweren Lasten nicht abgenommen, sondern man bittet sie, diese zu tragen und durchzuhalten. Immer weniger Personen tragen dann immer mehr Lasten. Meist wird solche Ermutigung mit kräftigen spirituellen Appellen vorgetragen. Aber wie wirkt eine solche Ermutigung, wenn sie jemand ausspricht, der die Vollmacht hätte, die Lasten abzunehmen? Die Kritik Jesu an den Pharisäern kommt in den Sinn: *»Sie schnüren schwere Lasten zusammen und legen sie den Menschen auf die Schultern, wollen selber aber keinen Finger rühren, um die Lasten zu tragen« (Mt 23,4).*

- Ermutigen kann sodann heißen, inmitten der laufenden Entwicklung, die in sich stets negative wie positive Anteile hat, *die positiven Seiten aufzuspüren.* Dabei muss man mit der Entwicklung insgesamt gar nicht einverstanden sein. Noch mehr: Es ist möglich, dass man sie für falsch ansieht. So kann jemand mit dem Innsbrucker Altbischof Reinhold Stecher die derzeitige am Priestermangel ausgerichtete Umstrukturierung als fatale Entfernung der Kirche von den Menschen deuten. Manche Priester werden darunter schwer leiden, weil sie es als ihre Hauptaufgabe ansehen, möglichst menschennah das Evangelium zu verkünden, vergleichbar mit dem im Jahr der Priester angepriesenen Pfarrer von Ars, der das Glück hatte, in einer überschaubaren Pfarre mit 230 Katholiken zu wirken und es so eher leicht hatte, ein heiliger Seelsorger zu werden.[3] Um beim Beispiel der Seelsorgsraumexpansion zu bleiben und dieses ins Positive zu wenden: Die Errichtung von pastoralen Großräumen kann sich nicht nur als Not, sondern als Notwendigkeit erweisen: Sie könnte eine angemessene Antwort sein auf das veränderte Lebensgefühl mobil gewordener Menschen und bunt aufgefächerter Lebensstile, wie sie in den Sinus-Milieustudien ans Licht gehoben wurden. Was man auf längere Zeit besehen nicht für die richtige Lösung ansieht, könnte zurzeit dennoch zum Teil richtig, ja unumgänglich sein.

- Ermutigung kann schließlich noch einmal ganz anders erfolgen. Und das *mit Blick auf die Zukunft.* Solche Ermutigung nimmt nüchtern und ohne Beschönigung die derzeit laufenden Abwärtstrends (Priestermangel, Gemeindemangel, Geldmangel) wahr. Es wird aber von der Zukunftsforschung gelernt, dass es zwei Arten der Vorhersage gibt: eine »self-fulfilling« und eine »self-destroying prophecy«. »Self-fulfilling« (selbsterfüllend) bedeutet, dass eine negative Prognose den negativen Trend noch beschleunigen kann. Die durch die Vorhersage ins Bewusstsein gehobene Dynamik verstärkt sich und garantiert damit, dass sich der Trend auch realisiert. Man kann Karl Valentin zitieren: *»Hoffentlich wird es nicht so schlimm, wie es schon ist.«* Die Vorhersage kann aber auch »self-destroying« (selbst zerstörend) sein. Dann geschieht gleichsam das Wunder, dass sich kraft der düsteren Prognose der Trend umkehrt, er sich eben selbst zerstört, weil er Phantasie freisetzt, wie die Kirche in einer veränderten Gestalt zukunftsfähig werden kann. Auch dafür gibt es ein biblisches Anschauungsbeispiel. Dem altgewordenen Paar Abraham und Sarah wird von Gott ein Kind verheißen. Es erhält dieses auch (Gen 18,1–33). Kind steht für Zukunft. Beide, die Eltern und das Kind leben dann eine Zeitlang miteinander. Dabei haben die Alten das Recht, eines Tages zu sterben. Aber schon in

---

3   Dass ausgerechnet inmitten der Errichtung der pastoralen Großräume diese seelsorgliche Idylle aus dem 19. Jahrhundert den Priestern, die in Not geraten, Seelsorger zu sein, im Jahr der Priester als Vorbild hingestellt wird, ist eine der fragwürdigen Formen von Ermutigung.

ihrem Alter können sie an ihrem Kind eine neue Gestalt von Leben und Lebendigkeit erkennen. Kann es nicht auch in der derzeitigen Entwicklung der Kirche so sein, dass die alte Kirchengestalt das Recht hat abzusterben, gleichzeitig aber aus dieser Kraft der Verheißung Gottes eine neue, zukunftsfähige Kirchengestalt hervorgeht? Geschieht die Erfüllung der Verheißung nicht schon an vielen Orten der großen Weltkirche? Wenn zum Beispiel in einer französischen Erzdiözese vom Bischof örtliche Gemeinschaften errichtet werden, sobald eine ausreichende Anzahl von entschieden Glaubenden das erbittet: Ließen sich solche zukunftsfähige, die absterbende Kirchengestalt sicher überdauernde örtliche Gemeinschaften entschieden Glaubender nicht auch schon jetzt in unseren Pfarrgemeinden aufbauen? Solche Gemeinschaften wären dann inmitten der sterbenden Kirchengestalt wie der junge Isaak, der mit der alten Sarah und dem alten Abraham noch unter einem Dach lebt.

Das vorliegende Buch versucht Ermutigung in diesem überraschenden Sinn. Es scheut sich nicht, die als bedrohlich empfundenen Entwicklungen beim Namen zu nennen, konkret die fünf Megasorgen, welche heute die Pfarrgemeinderäte bedrängen. Zugleich aber wird nach zukunftsfähigen Alternativen Ausschau gehalten, also nach Bausteinen, die jetzt schon in die alte vergehende Kirchengestalt eingepflanzt werden können und die deren Tod überdauern werden.

Es wird sich zeigen, dass auf einem solchen Weg des Kirchenumbaus den Pfarrgemeinderäten und ihren ehrenamtlichen Diensten eine Schlüsselrolle zukommt. Diese mutet den Pfarrgemeinderäten viel zu: an Aufgaben, auch an Entwicklung im eigenen Selbstverständnis. Die Zuversicht ist aber groß, dass viele Pfarrgemeinderäte diese enorme Herausforderung meistern werden.

Der Grund für diese Zuversicht ist die überaus starke und breit gefächerte spirituelle Motivation, welche die Pfarrgemeinderäte in ihrer Arbeit trägt. Spiritualität leitet sich vom Spiritus, dem Geist Gottes ab. Fridolin Stier übersetzt das griechische Wort für den Heiligen Geist (den »Paraklet«) mit »Mutbringer«: *»Der*

Mutbringer aber, der Heilige Geist, den der Vater in meinem Namen ausschicken wird, der wird euch alles lehren und an alles euch erinnern, was ich selber zu euch gesprochen habe« (Joh 14,26).

Der Aufbau des Buches

Überlegungen zu einem solchen Weg werden in zwei Hauptteilen vorgelegt:

Im *ersten Hauptteil* werden leicht lesbar und übersichtlich wichtige Ergebnisse der Studie vorgestellt. Wo immer es sich zusammenfassend als sinnvoll erweist, werden Fragen zur Weiterarbeit formuliert.

Leitend sind zwei Fragen, die in zwei großen Abschnitten verfolgt werden: Wofür arbeiten Pfarrgemeinderäte und wie wird die konkrete Arbeit eines Pfarrgemeinderates gestaltet?

- Das eine Mal geht es um das »Ziel« (den Auftrag, die Vision, die »Mission«, die Motivation, die spirituellen Quellen) und um jene Sorgen, welche die Erreichung des Zieles erschweren
- das andere Mal um den »Weg« (und wie dieser gemeinsam und mit guten Arbeitsergebnissen gegangen werden kann) – hier geht es um die Arbeitskultur im Pfarrgemeinderat.

Der *zweite Teil* dient dem weiterführenden Nachdenken. Dabei werden Stichworte des ersten Teils aufgegriffen und vertieft. Die Gedanken werden in zwei größeren Abschnitten vorgelegt:

- In einem ersten Abschnitt geht es um die Zukunftsfähigkeit der Pfarrgemeinden
- im zweiten um die Stärkung der Arbeitskultur und der Zufriedenheit
- eine kleine Theologie des Rates schließt das Buch ab.

Bevor aber die innerkirchliche Bedeutung der Pfarrgemeinderäte und -rätinnen dargelegt wird, soll auf das gesellschaftliche und kulturelle Gewicht dieser Personengruppe eingegangen werden.

Eine kulturelle Elite

Pfarrgemeinderäte sind nicht nur ein Schatz der Kirche, sie sind eine Bereicherung für das Land. Bei ihnen finden sich Stärken, die für die Entwicklung moderner Gesellschaften von großem Wert sind.

Die Frage ist, ob die Pfarrgemeinderäte diese Stärken auch in ein über die Kirche hinausgehendes soziales Engagement ummünzen. Im Abschnitt »Worum sich die Arbeit des Pfarrgemeinderats dreht« (S. 63) finden sich – wenn auch ausbaufähige – Anhaltspunkte für eine gesellschaftlich engagierte Kirche, welche sich mit der Menschheitsfamilie auf das engste verbunden weiß und deshalb ihre Pastoralverfassung, die sie sich auf dem Zweiten Vatikanischen Konzil gegeben hat, mit den Worten beginnen lässt: »Freude und Hoffnung, Trauer und Angst der Menschen von heute, besonders der Armen und Bedrängten aller Art, sind auch Freude und Hoffnung, Trauer und Angst der Jünger Christi.«[4]

Wenig Unterwerfungsbereitschaft

Zu den Persönlichkeitsmerkmalen der untersuchten Mitglieder von Pfarrgemeinderäten gehört ein starkes Freiheitsbewusstsein, das mit einem Gespür für Verantwortung und Solidarität einhergeht. Der sogenannte »Autoritarismus« liegt weit unter dem Durchschnitt der Bevölkerung.

Autoritarismus

Autoritarismus meint die Bereitschaft, sich blind starken Führern oder auch geschlossenen Gruppen zu unterwerfen. Solche Unterwerfungsbereitschaft, die oftmals auch mit vielgesichtiger[5] Gewaltakzeptanz einhergeht[6], ist nach Auskunft der Forschung

---

4   Zweites Vatikanisches Konzil: Kirche in der Welt von heute (Gaudium et spes), Rom 1965, 1.
5   Gewalt kann sich auch im Umgang miteinander zeigen: Die Sprache ist dann nicht das Mittel der Kommunikation, sondern der Vernichtung. Solche Vernichtung läuft heute oft über das Medium Internet.
6   Volz, Rainer/Zulehner Paul M.: Männer in Bewegung, Bonn 2009.

die Veröffentlichung einer inneren Schwäche. Die Kompetenz, mit den modernen und hochriskanten Lebensbedingungen fertig zu werden, ist niedrig.

Nur wenige Pfarrgemeinderäte (15 %) erweisen sich in der Studie als autoritär: Sie bilden eine kleine, wenngleich gut organisierte und lautstarke Minderheit. Die große Mehrheit ist freiheitlich gestimmt; sie bildet für das Land – und auch für die Kirche in dieser modernen Kultur! – ein wertvolles Potenzial freier und unabhängiger Menschen.[7] Das Vorurteil, dass Christen besonders zur Unterwürfigkeit und damit verbunden zur Gewalttätigkeit neigen, bestätigt sich empirisch ganz und gar nicht. Mitglieder von Pfarrgemeinderäten sind Freiheitsliebhaber, nicht einer beliebigen, sondern einer verantwortlichen Freiheit. Es ist eine Freiheitsliebe, die durchaus mit dem biblischen Begriff des Gehorsams einhergehen kann. Gehorsam ist biblisch verstanden »zugespitzte Freiheit«: In ihr investiert sich ein Mensch freiwillig für jemanden (zum Beispiel für Christus) oder für etwas (das Kommen seines Reiches).

Freiheitsanwälte auch in der Kirche

Dieses Freiheitsbewusstsein der tragenden Personen der Pfarrgemeinden ist für die katholische Kirche selbst eine enorme Herausforderung. Vor dem Zweiten Vatikanischen Konzil war der Kirchenleitung solches Freiheitsbewusstsein jahrhundertelang nicht willkommen. Auch heute gibt es in Kirchenkreisen die Versuchung, Autorität ohne Respekt vor der Freiheit der Menschen auszuüben.[8] Es wäre schade, würde die Kirche gerade die freiheitsliebenden Menschen nach und nach verlieren. Pfarrgemeinderäte könnten Anwälte der Freiheit nicht nur in der Gesellschaft, sondern gerade auch in der Kirche sein.

---

7   In der Gesamtbevölkerung gelten 55 % als autoritär-unterwerfungsbereit-freiheitsflüchtig: Zulehner, Paul M./Polak, Regina/Hager, Isa: Religion im Leben der Menschen 1970–2000, Ostfildern 2001.

8   Dieser Wunsch wird freilich durch die Unterwerfungssehnsucht eines Teils der Kirchenmitglieder gleichsam unterstützt!

Geringe Selbstbezogenheit – weitreichende Solidarität

Mitglieder von Pfarrgemeinderäten haben unterdurchschnittlich wenig Selbstbezogenheit an sich. Sie vertreten nicht die Ansicht, dass es wichtig sei, *dass der Mensch glücklich werde – wie, das sei dann seine Sache.*

Solidarische Offenheit

Pfarrgemeinderäte haben dagegen überdurchschnittlich die Kraft zu weitreichender und engagierter Solidarität. So haben 82 % eine beträchtliche solidarische Offenheit für Fremde (»Makro-Solidarität«) – im Vergleich dazu sind es in der Gesamtbevölkerung 50 %. So schreibt eine Frau:

»Ich leite im Pfarrgemeinderat den Sozialausschuss (Caritas) und führe die jährliche Haussammlung durch. Das ist für mich ein großes Anliegen. Leider gibt es in unserem Pfarrgemeinderat sehr, sehr wenig Verständnis und das Sammelngehen will keiner, für mich ist es sehr, sehr wichtig. Ein großes Anliegen für mich ist die Nächstenliebe und die Hilfe. Menschen zu helfen im Inland und Ausland (das ist kein Unterschied für mich) ist für mich ein großes Thema und sollte eine Selbstverständlichkeit sein. Solange es so große Ungerechtigkeit auf der Welt gibt, wird es auch keinen Frieden geben. Teilen ist Christenpflicht! Leider ist die Entsolidarisierung lange schon weit fortgeschritten und anscheinend nicht mehr zu stoppen.« [Frau, *1950]

Begegnungsfähig mit anderen Kulturen und Religionen

Für die Kirchenleitung heißt dies, dass sie in Fragen der Integration von Menschen aus anderen Kulturen und Religionen, aber auch in der Begegnung mit dem Islam, auf große Unterstützung der Pfarrgemeinderäte für eine weitsichtige und großzügige Politik bauen können. Ist hingegen die Position der Kirchenleitung in diesen Fragen ängstlich und restriktiv, stößt dies bei einer großen Mehrheit der befragten Pfarrgemeinderäte und -rätinnen auf Unverständnis und vertieft die ohnehin schon gegebene Kluft zum Amt oder zur Kirche insgesamt.

Das Zeugnis dieser gerade zitierten Frau lehrt auch, dass Solidarität nicht nur für die moderne Gesellschaft unentbehrlich ist, will sie Gerechtigkeit und daraus Frieden sichern. Diese Solidarität wird auch das Wirken der Pfarrgemeinden prägen. Sie kann konkretisieren, was Jesus mit der Fußwaschung beim letzten Abendmahl gemeint hat: dass die Pfarrgemeinderäte für die Not der Menschen in der Gemeinde und darüber hinaus offene Augen haben, die Not mit einem wachen Verstand analysieren, für die Armen und Armgemachten ein mitfühlendes Herz haben und daraus mit engagierten Händen diakonale Projekte entwerfen. Pfarrgemeinderäten ist klar, dass man nicht in Gott eintauchen kann, ohne bei den vielen Armen in der Welt aufzutauchen. Die bei Matthäus 25 überlieferte Gerichtsrede ermahnt und ermutigt sie dazu, gerade in den Fremden Christus zu begegnen.

Unter einem offenen Himmel

Die Fähigkeit zur verantworteten Freiheit und weitreichenden Solidarität sind bei den Befragten in einer starken Jenseitsoffenheit verwurzelt. Offenbar sind Christinnen und Christen davon überzeugt und setzen dies auch in Taten um: *Weil nur ein Gott ist, ist jede und jeder eine/einer von uns.* Christen teilen die Welt dann nicht mehr in eine Erste, Zweite, Dritte oder Vierte Welt. Für sie gibt es nur noch die Eine Welt.

Heimat und Fremde

Dass das Eine-Welt-Thema unter jenen Themen, welche Pfarrgemeinderäte in der letzten Periode behandelt haben, ziemlich weit hinten liegt, mag Entwicklungsbedarf in diesem Gremium signalisieren.

Feststeht, dass Politiker, die populistisch mit einem ausschließenden (»exklusiven«) »Heimatbegriff« operieren, nur bei einer Minderheit der Pfarrgemeinderäte punkten. Christinnen und Christen stehen für eine faire Handelspolitik, eine verantwortlich gestaltete Wanderbewegung nicht nur von Arbeitskräften, sondern auch von deren Familien und machen sich für eine schöpfe-

rische Begegnung zwischen den Kulturen und für freie Religions-
ausübung (Minarette eingeschlossen) stark.

Kein Zusammenprall der Religionen

Für einen Zusammenprall der Zivilisationen (Samuel Hunting-
ton) oder gar der Religionen (wie mit dem Islam) und Weltan-
schauungen (wie dem Atheismus) ist die große Mehrheit der
Pfarrgemeinderäte nicht zu gewinnen. Sie suchen vielmehr den
Dialog auf gleicher Augenhöhe, wohl wissend, dass unser Gott
auch der Gott der Muslime und sogar – wie wir Christen zu glauben das Recht haben – auch der Atheisten ist. Diese »ökumeni-
sche Weite«, die sich nicht allein auf die anderen christlichen Kirchen bezieht, macht die Pfarrgemeinderäte und -rätinnen für das
Land auf Zukunft gesehen religionspolitisch so wertvoll – und mit
ihnen die eigene Kirche.

Es gibt heute immer mehr Gründe dafür, dass Menschen, die
aus einem starken christlichen Glauben leben, für das Land, für
Europa und darüber hinaus für die eine Welt wichtig sind. Wer
zur Gemeinschaft der Kirche gehört, kann sich freuen, ja stolz
sein, dazuzugehören.

Teil 1:
Wichtige Ergebnisse der Umfrage

Das bewundernswerte Engagement der meisten Pfarrgemeinde-räte ist von einer starken *Doppelmotivation* getragen: Gemeinwohl und Eigenwohl gehen eine förderliche Beziehung ein.

Zugleich beobachten wir fünf große *Sorgen*, die sich allesamt auf die Zukunft der Pfarrgemeinde beziehen.

In einer solch zugespitzt ambivalenten Lage stellt sich die Frage nach orientierenden *Visionen*, die auch angesichts starker Sorgen ihre motivierende Kraft nicht verlieren.

Eine starke Doppel-Motivation

Die meisten Pfarrgemeinderäte engagieren sich und haben dabei vielfältige und kräftige Motive. Die offen gestellte Frage: »*Was motiviert Sie, im Pfarrgemeinderat zu arbeiten? Was erwarten Sie sich von der Mitarbeit im Pfarrgemeinderat?*« brachte zwei große Motivbündel ans Licht:

- Da sind zunächst Motive, die um Gott und seine Kirche (in der Pfarre) kreisen; dazu kommen andere Motive, die sich zumindest auf den ersten Blick mehr um die einzelne Person und ihre Entfaltung drehen.
- Bei dem einen Bündel steht die Gemeinschaft der Kirche im Vordergrund, deren Lebendigkeit und Arbeitsfähigkeit. Beim anderen die Entfaltung der Person, ihrer Fähigkeiten, ihres Glaubens- und das nach Möglichkeit mit anderen im Team.
- Hier geht es mehr um einen Auftrag, um Verpflichtung und Pflicht, dort hingegen mehr um Selbstentwicklung, dies aber nicht solistisch, sondern im Zusammenspiel mit anderen.

Diese beiden großen Motivbündel werden zunächst vorgestellt. Dann wenden wir uns der Frage zu, wie sie sich zueinander verhalten.

Für Gott und sein Volk

[1] Ein erstes Motiv kreist um *Gott und das Kommen seines Reiches*, um den Glauben, seine Tradierung und die Bildung gläubiger Gemeinschaften. Hier ist auch die Erfahrung von Berufung zugeordnet, also die Zumutung Gottes, sich in seinen Dienst zu stellen; die Verpflichtungen, die sich daraus ergeben – wie missionieren, evangelisieren, ohne Scheu bekennen – gehören ebenfalls in diese Motivgruppe.[9]

---

9   Ich möchte mithelfen, dass unsere Pfarre ein Ort ist, an dem man Gott spüren, erleben kann. Wo wir Zeugen seiner Liebe und Barmherzigkeit sind. [Frau, * 1959] – Als Pfarrgemeinderatsmitglied erwarte ich, dass der Pfarrgemeinderat seinen Dienst als Berufung tut, ohne zu großen Aktivismus, einfach zur Ehre Gottes für die ihm anvertrauten Menschen, Räume und Situationen da zu sein. [Mann, * 1955] – Die Menschen brauchen Christus in ihrem Leben, sonst können sie nicht gut und glücklich leben. Ihnen zu helfen das Evangelium kennenzulernen, Christus und die Eucharistie kennenzulernen, das ist meine Motivation! [Mann, * 1983]

[2] Andere setzen den Akzent mehr auf die *Kirche*[10], sorgen sich um deren Image, wollen ihr gesellschaftlich Gewicht geben, treten für deren Öffnung (»Modernisierung« im Sinn des Zweiten Vatikanischen Konzils) ein, möchten, dass sie um die Menschen im Land besorgt ist.

[3] Sehr viele Motivationen kreisen um die *Pfarre*[11]: dass diese lebendig ist, sich entwickelt, den Menschen als Heimat nahe ist; es trägt die entschlossene Bereitschaft, die Anliegen derer, von denen sie gewählt wurden, auch zu vertreten. Viele sorgen sich, dass die Pfarre eigenständig bleibt.

[4] Nicht wenige begründen ihre Motivation durch konkrete *Projekte*, für die sie in der Pfarre bereits Verantwortung übernommen haben (so zum Beispiel für Kirchenmusik, Diakonie, Eine-Welt-Arbeit, die Restaurierung der Pfarrkirche).

[5] Starke Motive drehen sich um *Kinder und Jugendliche*[12], dass das Evangelium in ihr Leben eingepflanzt wird und sie auf diesem Weg einen Ort im pfarrlichen Leben finden.

Für die eigene Entwicklung

[6] Manche motiviert das, was sie durch ihre Mitarbeit an Stärkung des eigenen Glaubens *gewinnen*; sie wollen die Pfarre bes-

---

10   Es ist mir ein Anliegen, dass unsere Kirche vor allen Mitbürgern, Gläubigen und Ungläubigen, so gut wie nur irgend möglich dasteht und attraktiv ist. [Mann, *1936] – Ich möchte für meine Kirche etwas verändern – moderner, toleranter, offener machen. [Mann, *1967] – Ich habe ein bestimmtes Bild von Kirche, das vor allem von den Entdeckungen bzw. Wiederentdeckungen des II. Vatikanischen Konzils (Kirche als Lebens- und Glaubensgemeinschaft; Volk Gottes als mündige Christ/innen, die ihre eigenständige Berufung und Sendung haben; Kirche in der Welt – der Mensch ist der Weg der Kirche etc.) geprägt ist. Diese Kirche zu verwirklichen und zu leben ist mir ein Anliegen. [Mann, *1965]

11   Es ist mir nicht egal, was in der Pfarre passiert. [Frau, *1963] – Wir alle sind Kirche, nicht nur der Pfarrer, daher ist es die Pflicht der Laien, mitzuarbeiten. Pfarre muss Heimat bieten für mich und meine Familie und für alle anderen Pfarrangehörigen. Wenn ich diese Heimat gestalten will, muss ich mich engagieren. [Frau, *1969] – Das Vertrauen der Bevölkerung, die mich gewählt haben. [Frau, *1965]

12   Ich arbeite im Pfarrgemeinderat mit, weil ich für die Menschen, die in unserer Pfarre leben, eine geistige Heimat schaffen will, wo sie gemeinsam den Glauben an Jesus leben und seine Liebe spüren dürfen. Mir liegen dabei besonders die Kinder und Jugendlichen, die unsere Zukunft und die Zukunft der Kirche sind, am Herzen und ich setze mich besonders für sie ein. [Mann, *1981]

ser kennenlernen, Anerkennung und Spaß haben sowie in der Pension etwas Sinnvolles tun.[13]

[7] Eine große Rolle spielt für sehr viele, *»entscheidend« gestalten zu können,* Ideen einzubringen, das pfarrliche Leben mit Blick auf Visionen zu erneuern; hier zugeordnet ist »Fähigkeiten einbringen und entfalten können«; der Pfarrgemeinderat ist für diese Pfarrgemeinderatsmitglieder mehr als ein Beratungsgremium. Sie suchen wirksame Teilhabe an jenen Entscheidungen, die für die Entwicklung der Pfarrgemeinde wichtig sind; auch bei diözesanen Weichenstellungen soll die Pfarre mitentscheiden können. Fehlt die Möglichkeit, »entscheidend zu gestalten«, beschädigt dies die Motivation hin bis zur Niederlegung des Mandats. Pfarrgemeinderäte sind also motiviert zu arbeiten, aber nicht um jeden Preis.[14]

[8] Viele wünschen die Arbeit in einem *Team*; sie suchen und finden im Pfarrgemeinderat Gemeinschaft, ja Freunde, und schätzen den partnerschaftlichen Umgang miteinander.[15]

Gemeinwohl und Eigenwohl

Nun könnte man denken,

- das Motivbündel Gemeinwohl sei heilig/spirituell, die Sorge um das Eigenwohl hingegen profan/weltlich;
- das eine erscheint selbstlos dienend, das andere hingegen selbstbezogen.

---

13 Von der Mitarbeit im Pfarrgemeinderat erwarte ich mir Zufriedenheit mit mir selbst. Ich versuche nach meinen Möglichkeiten etwas zu bewirken. [Frau, *1964] – Ich würde mir mehr Anerkennung für die Pfarrgemeinderat-Tätigkeiten erwarten. [Frau, *1984] – Zum Lebensabend (Pensionist) ist es wichtig, eine Aufgabe zu haben und im Speziellen für eine Pfarrgemeinde zu arbeiten sowie z. B. Freude zu bereiten (Organist). [Mann, *1939]

14 Ich bin so aktiv in die Pfarrgemeinde eingebunden, dass ich mir gar nicht vorstellen kann, nicht im Pfarrgemeinderat zu sein. Ich möchte gerne mitentscheiden und am Ball sein. Ich erwarte mir, persönliches Engagement umsetzen zu können. [Frau, *1959] – Ich stelle meine Fähigkeiten nur dann ehrenamtlich zur Verfügung, wenn ich für mich einen Sinn dahinter sehe. [Frau, *1964]

15 In einer kleineren Gemeinschaft Gleichgesinnter für eine positive Entwicklung in der Pfarre etwas weiter zu bringen. [Mann, *1937] – Durch die Arbeit im Pfarrgemeinderat habe ich viele Freunde gewonnen – ich habe viel gegeben, aber mehr bekommen. [Frau, *1954]

Bei näherem Hinsehen löst sich aber der Widerspruch auf. Vielmehr stärken beide – in etwa gleich starken – Motivbündeln einander. Die Sorgen um das Gemeinwohl und um das Eigenwohl ergänzen einander nicht nur, sondern stärken sich gegenseitig. Um dies zu verdeutlichen, wird die Entwicklung im Wertebereich in den letzten Jahrzehnten nachgezeichnet.

Werteentwicklung

Die Menschen, so Werteforscher wie Helmut Klages[16] und Ron Inglehart[17] aus Amerika, sind früher »Pflichtwerten« gefolgt. Gehorchen im Sinn von Pflicht und Pflichterfüllung waren hohe Werte. Diese traditionellen Werte spielen auch bei manchen Pfarrgemeinderäten eine positive Rolle:

Mein Glaube braucht auch Werke! Glaube ohne Werke ist sinnlos. Durch meine Taufe und Firmung bin ich ein Mitglied der Kirche und dadurch auch verpflichtet, meine Talente zur Verfügung zu stellen. [Frau, *1957]

Als langer Mitarbeiter in der Pfarre (seit Bestehen des Pfarrgemeinderats; vorher bereits Synodale) verstehe ich es als Verpflichtung, wenn ich gewählt werde. Ich leiste einen persönlichen Beitrag für die Pfarre. [Mann, *1948]

Inzwischen haben sich die Werte verschoben. Ohne die alten Pflichtwerte zu verwerfen, schätzen die Menschen heute »Selbstverwirklichungswerte« höher ein als früher. Sie nennen als Motivation mitzuarbeiten:

Selbstverwirklichung – die Möglichkeit, selbst etwas zu ändern. [Frau, *1990]

Mich motiviert mein Glaube. Selbstverwirklichung. [Mann, *1962]

---

16 Klages, Helmut: Werte und Wertewandel, in: Schäfers, Bernhard/Zapf, Wolfgang (Hg.): Handwörterbuch zur Gesellschaft Deutschlands, Opladen ²2001, 726–738.
17 Inglehart, Ron: Modernisierung und Postmodernisierung. Frankfurt am Main 1998.

Selbstverwirklichung

»Selbstverwirklichung« hat in kirchlichen Kreisen leider noch immer keinen allzu guten Ruf. So formulierte ein Befragter: »Mich motiviert: die Qualität der Liturgie heben, Musik und Kultur aufrecht erhalten. Liturgie vor Banalität und Selbstverwirklichung.« [Mann, *1954] Selbstverwirklichung gilt manchen Kirchenleuten als egoistisch oder gar als rücksichtslos. Das kann durchaus so sein. Egozentriker, »Ichlinge«, oftmals angstbesetzt, sind in unserer Kultur und damit auch in unserer Kirche anzutreffen.[18]

Gottes Auftrag zur Selbsterschaffung

Für den Züricher Beziehungsgelehrten Jürg Willi ist Selbstverwirklichung ein ganz normaler, ja unumgänglicher Vorgang der Persönlichkeitsentwicklung. Jede und jeder will und soll etwas aus sich machen, soll sich »bilden«, also eine schöne und edle Gestalt formen, geistig wie körperlich. Romano Guardini sprach von Selbstbildung.[19]

Die Talenteparabel Jesu (Mt 25,14–30) weist in diese Richtung. Die gegebenen Talente – wir verwenden das Wort ja heute auch im Sinn von persönlichen Fähigkeiten und Begabungen – sollen wir entfalten; im Gleichnis Jesu kommt allein der schlecht weg, der aus Angst sein Talent unbewirtschaftet versteckt hatte.

Ist es nicht Gottes größte Zumutung an jeden Menschen, Ebenbild eines schöpferischen Gottes zu werden, sich ein Leben lang gleichsam selbst zu erschaffen, hervorzubringen, sich selbst zu verwirklichen? Ist es nicht das größte Versagen vor Gott, wenn wir nichts aus unserem Leben gemacht haben? Und dies womöglich aus Angst, zu sündigen?

Die Selbstverwirklichung als solche besitzt daher eine hohe, auch spirituelle Wertigkeit. Sie kann und soll nicht schlecht geredet werden. Im Gegenteil: Jede wirkliche Autorität wird danach streben, dass sich das Leben anderer vor allem im eigenen Umfeld vermehrt (»augere« heißt lateinisch vermehren – wovon sich das

---

18   Denz, Hermann/Friesl, Christian/Polak, Regina: Die Konfliktgesellschaft. Wertewandel in Österreich 1990–2000, Wien 2001.
19   Guardini, Romano: Briefe über Selbstbildung, Mainz 2001.

Wort Autorität ableitet). Die Kirche müsste gerade für junge moderne Menschen, Männer und Frauen, ein Ort optimaler Selbstverwirklichung sein. Und statt vor Selbstverwirklichung zu warnen, könnte die Kirche (schöpfungstheologisch motiviert) dazu gerade aufrufen.

Bezogene Selbstverwirklichung

Die in der Kirche verbreitete Kritik an der »Selbstverwirklichung« besitzt allerdings auch ein Körnchen Wahrheit. Wir können das neuerlich mit Jürg Willi verstehen lernen. Er unterscheidet zwischen einer »bezogenen« und einer »unbezogenen« Selbstverwirklichung.[20] Das färbt den an sich offenen Vorgang der Selbstverwirklichung ein. Genauer: Wird die Selbstverwirklichung unbezogen gelebt, verliert sie ihren positiven Gehalt. Lebensförderlich bleibt sie lediglich, wenn sie »bezogen« geschieht – letztlich also in der Form hingebender Liebe.

Unbezogen realisiert sich jemand, wenn er nicht »für jemand oder für etwas« lebt. Nur das allein schafft, so der Logotherapeut Viktor Frankl, tragfähigen Lebenssinn: Wer für jemand oder für etwas lebt (also liebt und arbeitet, das benediktinische »ora et labora« verstanden hat), erlebt sein Leben als sinnvoll.[21]

Wenn nun Pfarrgemeinderäte – je jünger, desto mehr – von ihrem Ehrenamt erwarten, dass sie dabei ihre Fähigkeiten entfalten können, Glauben einüben, die Pfarre besser kennenlernen; wenn sie Leitung übernehmen oder an Projekten mitwirken, wenn sie die Chance nutzen, Konflikte kooperativ zu meistern, statt harmonieängstlich unter den Kirchenteppich zu kehren, wenn sie das alles in einem Team machen, dabei Freunde finden und Beheimatung erleben, und wenn sie für all das als Draufgabe noch Wertschätzung und Anerkennung erleben: dann liegt das ganz auf der Linie der wertvollen »bezogenen Selbstverwirklichung«.

Genauer: Wird Selbstverwirklichung im Umkreis des Einsatzes für Gott und sein Reich, auf dem Boden einer persönlichen Berufung durch Christus zu seiner Kirche gelebt, dann begüns-

---

20 Willi, Jürg: Ko-Evolution. Die Kunst gemeinsamen Wachsens, Reinbek bei Hamburg 1985.
21 Frankl, Viktor: Der Wille zum Sinn, Bern ⁵2005.

tigt gerade dieses Umfeld, dass die Selbstverwirklichung bezogen gelebt wird. Diesen Zusammenhang sieht ein Befragter, wenn er seine Motivation so verdichtet darlegt: *»Selbstverwirklichung und Glaubensvertiefung.«* [Mann, *1970]

Moderne und jüngere Menschen wollen, wenn sie sich kirchlich engagieren, durchaus religiös motiviert ihre Aufgaben im Pfarrgemeinderat erfüllen. Aber sie tun dies umso lieber, je mehr sie in diesem Dienst an Gott und seinem Volk auch selbst etwas an persönlicher Entwicklung gewinnen und auf diese Weise Gottes Auftrag zur »Selbsterschaffung« annehmen.

Sowohl um der Entwicklung der Menschen gute Bedingungen zu schaffen, als auch bestens motivierte Personen zur Mitarbeit zu gewinnen, wird daher die Kirche jene Motive stärken, die sich um Gott und das Kommen seines Reiches ranken, aber auch jene anderen, welche die persönliche Entfaltung aller Beteiligten optimieren.

Beide Motivbündel haben somit eine spirituelle Qualität. Das ist beim Motivbündel Gemeinwohl leicht einsehbar. Wer davon geprägt ist, arbeitet für Gott und das Kommen seines Reiches, in diesem Zusammenhang für die Kirche Jesu Christi am Ort. Und wer aus dem Motivbündel Eigenwohl im Umkreis des Evangeliums mitarbeitet, stärkt jene Fähigkeiten (Charismen), von denen Paulus in der Gemeinde von Korinth verlangt, dass sie allen nutzen sollen (vgl. 1 Kor 12,7).

Die ernsten Zukunftssorgen

Wenn die Entwicklungen so weitergehen, werden wir in zehn Jahren sicher keinen Pfarrer mehr vor Ort haben. Es werden nur noch sehr wenige, vorwiegend ältere Menschen die Gottesdienste besuchen. Solange von der Kirchenleitung keine neuen Signale kommen, die sich wirklich den Sorgen und Nöten, aber auch den Fragen der Menschen im realen Leben annehmen, wird die Talfahrt weitergehen. Es ist schade, denn wir hätten mit unserem christlichen Glauben sehr viel anzubieten. [Frau, *1975]

Die vielen Antworten auf die offene Frage »*Wie stellen Sie sich die Zukunft Ihrer Pfarrgemeinde in zehn Jahren vor?*« haben schwere Sorgen ans Licht gebracht. Angesichts des Sorgenbergs ist es wie ein Wunder, dass sich nicht Mutlosigkeit einstellt. Nur wenige der Befragten sind gänzlich demotiviert.

Fünf große Sorgen prägen die Stimmung der Pfarrgemeinde-räte und -rätinnen. Wir stellen diese Sorgen nicht deshalb vor, um die ohnedies verbreitete Kirchendepression zu mehren. Vielmehr ist allein der nüchterne Blick auf die Realitäten der Anfang eines neuen Aufbruchs. Wer weiß, wo die Entwicklung zurzeit hinläuft, hat auch die Möglichkeit, gegenzusteuern. Das sind die fünf Sorgen im Überblick:

- Wird es morgen noch (genug) gläubige Menschen geben, die den Gottesdienst mitfeiern?
- (Wie) werden wir Kinder und junge Menschen für das Evangelium gewinnen können?
- Wird es gelingen, auch weiterhin genügend Menschen zu motivieren, sich ehrenamtlich zu engagieren?
- Werden wir eine eigene Pfarre mit einem eigenen Pfarrer bleiben?
- Wie können wir in einem Verbund mit anderen Pfarren unser Profil einbringen und erhalten?

Fünfmal »kein«: keine Kirchgänger, keine Kinder und Jugendlichen, keine Ehrenamtlichen, kein Pfarrer, keine Pfarrgemeinde mehr. Sie werden nunmehr ungeschminkt vorgestellt.

Keine Kirchgänger

*Es wird mehr Zusammenarbeit mit anderen Pfarren geben, was momentan noch die Ausnahme ist. Es wird weniger Gottesdienste geben, der Pfarrgemeinderat wird mehr missionarisch tätig sein müssen, für Kirchenrestaurierungen wird weder Zeit noch Geld vorhanden sein. Es kann daher durchaus sein, dass die Zukunft uns zwingt, das Wesentliche in den Vordergrund zu stellen, was bestimmt kein Nachteil ist. Zurzeit wundere ich mich manchmal schon, was angeblich wichtig sein soll ... Problematisch könnte sein, dass viele die Beziehung zur Eucharistiefeier verlieren, weil es durch den Priestermangel weniger Messen geben wird, vielleicht wird es auch sonntags nicht immer eine Messe geben. Wortgottesdienste halte ich für wertvoll, aber nicht für einen Ersatz für eine Messe. Es sollte daher meiner Meinung nach bei einem Wortgottesdienst keine Kommunionspendung geben. [Frau, *1952]*

Eine erste Hauptsorge dreht sich um den sonntäglichen Gottesdienst in der Form einer Eucharistiefeier. Die Sonntagskirchgänger werden, so erleben es sehr viele Pfarrgemeinderäte, zunehmend älter. Und sie werden immer weniger, weil wegbleibt, wer krank und pflegebedürftig wird. Andere sterben. Die so geleerten Kirchenbänke werden von Jüngeren nicht nachbesetzt. Eine Frau drückt es in ihrer Antwort auf die Frage, wie die Pfarre in zehn Jahren sein werde, so aus: *»Es wird weniger Kirchenbesucher geben ... Es wird weniger Messen geben und viele Wortgottesdienste (von Laien geführt) – Synergien: Bestimmte Feste werden mit anderen Pfarren zusammengelegt, man wird sich abwechseln bei den Austragungsorten ...« [Frau, *1966]*

Keine Kinder und Jugendlichen

Da es mir wichtig ist, dass meine Kinder sowie alle anderen Pfarrbewohner einen positiven Zugang zum Glauben finden können, gestalte ich in der Pfarre mit. Ich habe von unserem früheren Pfarrer und anderen kirchlichen Personen den Glauben an Gott kennengelernt. So wie Gott für mich wichtig geworden ist und ich mir ein 37

Leben ohne ihn nicht vorstellen könnte, möchte ich auch, dass andere Menschen diese Erfahrung machen können. [Frau, *1960]

Eine zweite große Sorge ist das Wegbleiben von Kindern und Jugendlichen nicht nur aus dem Gottesdienst, sondern aus dem pfarrlichen Leben insgesamt. Sehr viele Pfarrgemeinderäte leiden unter diesem Ausbleiben. Manche Eltern engagieren sich gerade deshalb im Pfarrgemeinderat, damit sie das Pfarrleben so gestalten können, dass für ihre eigenen Kinder und Jugendlichen das Mitmachen in der Kirche attraktiv wird.

Jugend und Pfarrgemeinderat ist ein bedrängendes Thema. Einerseits geht es um die Spannung zwischen den jungen und den alten Pfarrgemeinderäten. Andererseits leiden viele Pfarrgemeinderäte darunter, dass es viel zu wenige junge Menschen in den Pfarrgemeinderäten gibt. Das Fehlen von Jugendlichen spiegelt sich in der altersmäßigen Zusammensetzung der Pfarrgemeinderäte: Personen unter 30 sind im Vergleich zur Gesamtbevölkerung weit untervertreten. In beachtlich vielen Fällen müssen die Belange der Jugendlichen durch ältere Pfarrgemeinderäte vertreten werden (38 %). Das ist insbesondere in kleineren Gemeinden der Fall (45 % in den Gemeinden unter 1000 Katholiken).

In (nur) 63 % der untersuchten Pfarrgemeinderäte gibt es ein gewähltes Mitglied zwischen 14 und 26 Jahren. Dass die Integration von Jugendlichen in den Pfarrgemeinderat gelingt, sagt etwas mehr als die Hälfte der Befragten (53 %). Immerhin 42 % sehen das nicht so. Dabei hatten 74 % darauf geachtet, *»bei der Wahl ... Kandidatinnen und Kandidaten aus allen Altersgruppen zu finden«.*

Hinsichtlich des dramatischen Ausfalls von Kindern und Jugendlichen stellen sich Fragen: Warum können Gemeinden Jugendliche so wenig beheimaten? Hat sich ein dunkles Image zwischen die Kirche und die moderne Jugend[22] geschoben, das sich für die Annahme des Evangeliums durch junge Menschen arg hinderlich erweist? Und trifft dies bei jungen Frauen noch mehr zu als bei jungen Männern?

---

22 Das ist in Österreich stärker der Fall als in der Schweiz oder in Deutschland. Dazu: Religionsmonitor, Gütersloh 2008.

Hier einige Originaltexte, die für sich selbst sprechen. Es handelt sich um Antworten auf die Frage, was motiviert, im Pfarrgemeinderat mitzuarbeiten:

Meine Talente und Fähigkeiten einzubringen und damit unseren Glauben, unsere Religiosität und Kirche zeitgemäßer zu gestalten, damit auch junge Menschen sich wieder einlassen auf dieses Leben gemeinsam mit Gott, und dadurch Freude und Sinnerfüllung finden. Nach dem Motto: Füllt den jungen Wein nicht in die alten Schläuche, zwingt die Junge Kirche nicht in alte Bräuche...! – Begeisterung für die Sache Jesu ist auch eine meiner Motivationsgründe! [Frau, *1966]

Ich weiß, dass meine Antworten vielleicht revoluzzerisch klingen. Aber wie viele Jugendliche vertrete ich meine Meinung. Und finde die Kirche könnte viel mehr auf UNS hören. Ich habe selbst ein Problem, meinen Glauben auszudrücken, weil ich eigentlich nicht wirklich weiß, an was ich glauben soll. Ich glaube an ein Weiterleben nach dem Tod. Aber das, was uns die Kirche verkaufen will, an das glaube ich nicht. So wie die Jungfrau Maria, sie konnte keine Jungfrau sein, das funktioniert biologisch nicht. Ich weiß auch, dass es eigentlich junge Frau heißt, aber wieso müssen es dann die Pfarrer als Jungfrau ausdrücken. Weiters ist die Erschaffung der Welt eine Ansicht, die schon belegt ist, dass sie nicht in sieben Tagen erschaffen wurde. Ich glaube einfach, jeder muss den Glauben finden, der für ihn richtig ist. So wie es in ›Nathan der Weise‹ erklärt wird. – Und als extremsten Punkt finde ich, dass der Papst in Afrika die Kondome verbietet, weil er findet, dass die Afrikaner mit Kondomen noch mehr Sex haben als jetzt schon. Aber mit Kondomen könnte er HIV-Wahrscheinlichkeit verringern [Frau, *1991].

Ich arbeite im Pfarrgemeinderat mit, da ich die Jugend vertreten sollte. Ich denke, wäre ich nicht dort, würde man mehrmals auf die Jugend vergessen. – Ich erwarte mir einfach, dass man mich ernst nimmt und dass ich als Jungscharchefin ziemlich frei arbeiten könnte. [Frau, *1989]

Vielleicht doch noch mal Veränderungen zu bewirken und alte verkorkste Traditionen aufzubrechen. – Als junger Mensch etwas jugendlichen Schwung in den Pfarrgemeinderat einzubringen (ca. 75 % sind schon über 50 Jahre) – Ich erwarte mir, dass Neues auch probiert wird. [Mann, *1982]

Als junger Mensch war ich oft unzufrieden mit dem, was ich in der Kirche erlebt habe – so habe ich mir vorgenommen, nicht zu kritisieren, sondern mitzugestalten, um eine allgemeine Verbesserung zu erreichen – jugendlichere Messgestaltung, jugendlichere Texte und Lieder! Ein apostolisches Wirken – missionarische Tätigkeit als Schwerpunkt. [Mann, *1962]

Im Umkreis der Pfarrgemeinderatsumfrage finden wir hinsichtlich der Jugend nicht nur Besorgnis. Es gibt auch sehr gelungene Jugendarbeit. Wir dokumentieren einen Text aus dem Umfeld der Umfrage, weil dieser andere Pfarrgemeinden ermutigen kann: Es geht um das Thema »Jugend in der Pfarre«.

Wir in H. haben auch schon lange (ca. 20 Jahre) keine Katholische Jugend-Gruppe mehr und trotzdem sind junge Menschen immer wieder in der Kirche aktiv, wenn man sie einlädt. Bei Gemeinschaftsereignissen wie dem Pfarrfest im Juli, dem Pfarrball (letztes Wochenende) und der Jahresschlussfeier der Pfarre sind die Jugendlichen durchaus vertreten und keineswegs eine Randgruppe. Beim heurigen Christkönigsonntag haben sich die Firmlinge des kommenden Jahres vorgestellt und mit Unterstützung von ebenfalls jugendlichen Musikern eine tolle musikalische und textliche Messfeier gestaltet. Freilich müssen wir Erwachsene die Texte und Musikstücke vorbereiten, Proben durchführen und entsprechend motivieren, aber schlussendlich können die Jugendlichen auf ihren Auftritt in der Pfarrgemeinschaft stolz sein. Mit der Betreuung der Firmlinge über ein ganzes Jahr haben wir in der Pfarre sehr gute Erfahrungen gemacht und es gibt immer wieder junge Leute, die dann enger in der Pfarrgemeinschaft bleiben und ansprechbar sind. Man kennt sich einfach.

Das Pfarrzentrum ist jeden Samstagnachmittag als betreutes Jugendzentrum (Verantwortung liegt bei der Gemeinde) offen und wird von der Jugend (10–16 Jahren) fleißig genutzt, ohne dass es je gröbere Probleme gegeben hätte. Es gibt aus diesem Grund für die Jugendlichen keine Berührungsängste, zu irgendeiner Veranstaltung ins Pfarrzentrum zu kommen, weil sie von klein auf dort aus- und eingehen: wie zum Beispiel beim Martinsfest vor kurzem, beim Frühstück mit den Eltern nach dem Erntedankfest oder im Rahmen der Erstkommunion (Tischmütterstunden, Beichte, Frühstück nach der Erstkommunion etc.)

Wir haben den jungen Menschen Platz gegeben und sie kommen. Man darf sie nur nicht »tot« jammern, denn schnell sind sie selbst junge Eltern und dann suchen sie wieder Unterstützung in der Pfarre, wenn sie die Pfarrgemeinde als «freundlichen« Ort kennengelernt haben. Hier muss man in Jahrzehnten denken! (M. M., *1962)

Keine Ehrenamtlichen

Da sehr schwer in Zukunft überhaupt Kandidaten gefunden werden können, wird es schwer sein, einen Pfarrgemeinderat zu bilden. Die Jugend verlangt eine Änderung in der Struktur. Wie das aussehen wird, kann ich mir nicht vorstellen. Ich werde es kaum noch erleben. [Frau, *1935]

Schon bei den letzten Pfarrgemeinderatswahlen, so haben viele in der Umfrage geklagt, war es schwer gewesen, neue Kandidatinnen und Kandidaten für die Wahl zum Pfarrgemeinderat zu gewinnen.[23] Den Pfarrgemeinderäten war folgende Aussage zur Abstimmung vorgelegt worden: *»Es wird immer schwieriger, Menschen zu finden, die sich als Kandidatinnen und Kandidaten für die Pfarrgemeinderatswahl zur Verfügung stellen.«*

76 % stimmen dieser Aussage zu. Lediglich 6 % lehnten sie gänzlich ab. Eine satte Hälfte (52 %) vermutet als Gründe dafür Überlastung und Zeitnot, 27 % nannten die Vergeblichkeit des Gremiums und in Verbindung damit eine Art Scheu, sich durch die Mitarbeit öffentlich (zum Glauben und) zur Kirche zu bekennen. 21 % schließlich verweisen auf Unsicherheit und Unkenntnis darüber, was ein Pfarrgemeinderat ist und was dort zu tun ist.

---

23 Ich denke, es wird immer schwieriger (ist jetzt schon spürbar), Menschen zu finden, die sich aktiv in der Pfarre einbinden bzw. mitarbeiten. Zeitmangel, kein Interesse, zu viele andere Vereine und Verpflichtungen, die Jugend heute wächst anders auf bzw. viele haben nicht die Möglichkeit, Gott kennenzulernen! Deshalb wird das Interesse an der Kirche immer weniger. Ebenfalls ist für viele – was ich höre und gesagt bekomme – der Kirchenbeitrag auch ein Grund aus der Kirche auszutreten! Auch die ständigen Kirchenskandale und diverse Wortmeldungen sind nicht dienlich für ein positives Image. Ich für meinen Teil merke es selbst, dass es immer mühsamer und aufwendiger wird (Zeitfaktor!). Viele Pfarrmitglieder sagen, dass sie nur willkommen sind, solange sie arbeiten und der Kirche dienen, wenn das nicht mehr der Fall ist, dann ist man einfach nicht mehr da, bzw. wird durch jemand anderen ersetzt. Diese Haltung der Kirche ist natürlich verletzend! [Frau, *1965]

In kleineren ländlichen Gemeinden ist die Suche nach Kandidaten und Kandidatinnen noch schwerer als in städtischen. Das hat damit zu tun, dass die Mitglieder der Pfarrgemeinderäte im Durchschnitt höher gebildet sind als die übrige Bevölkerung: *»Da wir ein kleiner Ort sind und derzeit es sehr schwierig ist, Menschen zu finden, die für die Pfarre Verantwortung übernehmen wollen, kann ich mir die Zukunft nur sehr schwer vorstellen. Ich glaube, dass bei uns in ein paar Jahren möglicherweise kein Pfarrgemeinderat mehr zustande kommt, sondern ein paar interessierte Menschen dem Pfarrer zur Seite stehen werden. Allerdings wäre das dann ein loses Arbeiten, das ich nicht gutheiße.« [Frau, *1955]*

Viele sind heute in Zeitnot

Pfarrgemeinderäte befürchten nicht nur mit Blick auf neue Kandidaten und Kandidatinnen, dass Zeitnot eine hohe Hürde darstellt. Denn 42 % der Befragten leiden selbst unter Zeitmangel. Oftmals kommt es zu hohen Beanspruchungen, ja Überlastungen. Drei Viertel sind noch anderweitig gebunden, haben eine politische Aufgabe, sind bei der Feuerwehr oder einem Sportverein. Ebenso viele sehen, dass der Beruf die Menschen immer stärker fordert. Die meisten Familienhaushalte lassen sich nur noch mit zwei Einkommen bestreiten. Auch die Organisation der Termine der Kinder fordert von den Müttern und Vätern zunehmend einen enormen Einsatz von Zeit. In wirtschaftlich schweren Zeiten lastet noch mehr Druck aus der Arbeitswelt auf den Menschen. Eine Unvereinbarkeit zwischen Pfarrgemeinderatsarbeit und Familie wird hingegen – ein wenig überraschend – lediglich von 9 % erlebt.

42 % der Befragten fürchten, dass solche Lebensumstände immer mehr Menschen abschrecken, sich auf längere Zeit an eine ehrenamtliche Tätigkeit zu binden.

Sind, so fragen manche, neue Arbeitsformen notwendig, welche die einzelnen Mitglieder nicht auf Dauer über Maß in Anspruch nehmen? Könnte die Arbeit an zeitlich begrenzten Projekten eine Entlastung darstellen? Braucht es neben der Arbeit in Klausuren und Arbeitskreisen Phasen, in denen jemand »einfaches Mitglied« ist, ohne eine zusätzliche Aufgabe zu verantworten? Könnte nicht auch mehr zwischen der beratenden Tätigkeit des Pfarrgemeinderats und der ausführenden Tätigkeit von Ehrenamtlichen getrennt werden?

Kein eigener Pfarrer mehr

Es wird keinen Pfarrer mehr geben, aber ein Leitungsgremium. Wer aber wird die Eucharistie feiern? [Mann, *1947]

Sehr zu schaffen macht vielen Pfarrgemeinderäten der Priestermangel und wie die Verantwortlichen der Bistümer damit umgehen wird. Gerade kleinere und ländliche Gemeinden befürchten nicht grundlos, dass sie morgen keinen Pfarrer mehr am Ort haben werden. Das Licht im Pfarrhaus wird über kurz oder lang verlöschen.

Ein Mann äußerte seine Besorgnis, indem er drei Szenarien entwarf, ein realistisches, ein optimistisches und ein pessimistisches:

Realistisches Szenario: Wir werden zwar noch einen Pfarrer am Ort haben – aber der wird für (mindestens) fünf Pfarren verantwortlich sein. Er wird ein gehetzter Mann sein, ein vagabundierender Sakramentenspender, der den seelsorglichen Kontakt zu den Menschen verliert und der in Gefahr ist, auszubrennen und zu vereinsamen. Die Menschen werden sich im gesamten Seelsorgeraum, für den er zuständig ist, (noch mehr) verlaufen.

Optimistisches Szenario (von dem ich mir allerdings nicht vorstellen kann, dass es in zehn Jahren Wirklichkeit sein kann): Wie in den frühkirchlichen Gemeinden gibt es selbst in den kleinen Gemeinden Hirtinnen und Hirten, die mit der Gemeinde die Eucharistie feiern, die Bibel lesen, für Arme sorgen, gemeinsam auf dem Weg sind. Ein Pfarrgemeinderat sorgt für Bauliches und Finanzielles, die Administration wird weitgehend zentral erledigt (Subsidiarität!), ein Episkopus steht an der Spitze des Seelsorgeraums.

Pessimistisches Szenario: Ein polnisch katholischer, marianischer Zauberer sorgt für die sakramentale Grundversorgung, die niemanden mehr interessiert außer ein paar Traditionalisten. Eine Lösung im Sinn von viri probati wäre um nichts besser, wenn probatus (unter Ausschluss der Frauen!) frömmelnd, angepasst, speichel-

leckerisch gegenüber der kirchlichen Autorität verstanden wird. Der Letzte dreht das Licht aus. [Mann, *1949]

Wie die Umstrukturierung erlebt wird

Eng mit dem Priestermangel verknüpft wird von einer überwältigenden Mehrheit der Pfarrgemeinderäte und -rätinnen die räumliche Neuordnung der Diözesen wahrgenommen. *»Wenn Diözesen über Umstrukturierungen nachdenken, geschieht das meiner Ansicht nach aus folgendem Motiv ...«:*

- Die Antwort ist aus der Sicht der Befragten primär der *Priestermangel:* 68 % haben diesen als Hauptgrund genannt. Dazu kommen« noch 7 %, welche das »Alter der Priester« als Grund nannten. Das macht zusammen 75 %.
- 11 % kreuzten nicht näher entfaltete *gesellschaftliche Veränderungen* an.
- Nur 8 % sehen den Wunsch nach einer *Optimierung der Seelsorge* als Motiv; hier dazuzuzählen sind 4 %, welche die Antwortmöglichkeit *pastorale Gründe* wählten.
- 4 % gaben keine Antwort.

Nun sagen alle einschlägigen kirchlichen Dokumente, dass die Neustrukturierung der pastoralen Räume der Optimierung der Seelsorge dient.[24] Derzeit scheint das bei den Betroffenen nicht anzukommen – oder sie spüren ein Auseinanderdriften der schönen Worte und der realen Entwicklung.

---

24 Schon die Titel der diözesanen Umbaupläne in den deutschen Bistümern sind genährt von diesem Optimismus: »Den Aufbruch gestalten« (Erzbistum Freiburg) – »Die Segel neu ausrichten« (Bistum Erfurt) – »Leben im Aufbruch« (Bistum Essen) – »Den Aufbruch wagen – heute« (Erzbistum Bamberg) – »Gemeinden im Aufbruch« (Erzbistum Dresden-Meißen) – »Gemeinschaft von Gemeinden« (Bistum Aachen) – »Das Salz im Norden« (Hamburg) – »Der Hoffnung Raum geben« (Bistum Magdeburg), – »Dem Glauben Zukunft geben« (Erzbistum München und Freising) – Ich habe für euch Pläne des Heils und nicht des Unheils, spricht der Herr (Jer 29,11) (Bistum Osnabrück) – Perspektive 2014: Auf dein Wort hin werfen wir die Netze aus (Erzbistum Paderborn) – Gemeindepastoral 2015 (Speyer).
Quelle (außer München, Speyer und Erfurt): »Mehr als Strukturen ...« Neuorientierung der Pastoral in den (Erz-)Diözesen. Ein Überblick, hg. v. Sekretariat der Deutschen Bischofskonferenz, Arbeitshilfen Nr. 216, Bonn 2007.

Folgen des Priestermangels

Ich befürchte, dass wir keinen Pfarrer mehr haben, der jeden Sonn- und Feiertag die Messe gestaltet wird. Wir werden sicherlich einer anderen Pfarre (wahrscheinlich einer Stadt) zugeteilt werden. Die persönlichen Kontakte zum Pfarrer werden speziell für die älteren Leute weniger werden. Sie werden sicherlich eine wichtige bzw. eine immer wichtigere Person in ihrem Leben verlieren. Ich glaube, gerade ältere Personen suchen im Alter immer mehr Kontakt zum Pfarrer. Andererseits ist das wiederum eine große Chance für uns als Pfarrgemeinderat, dass wir Ansprechmöglichkeit werden. Wie weit ich das persönlich kann, kann ich jetzt noch nicht sagen, andererseits muss man auch auf Gott bzw. den Heiligen Geist vertrauen, dass man nicht alleine ist. Zusammenfassend gesagt, in zehn Jahren wird gerade der Pfarrgemeinderat eine sehr wichtige Rolle in unserer Pfarre übernehmen müssen, da unser Pfarrer in ca. drei Jahren in Pension gehen wird – wohlverdient. [Mann, *1961]

Die Frage nach Folgen des Priestermangels war so gestellt worden: *»In den nächsten Jahren wird es voraussichtlich zu wenig Priester geben. Sagen Sie bitte zu den hier angeführten Folgen des Priestermangels, was Ihrer Meinung nach eintritt, wenn Ihre Pfarre den Priester verlieren würde.«*

Die von den Befragten angenommenen Folgen beziehen sich auf drei Bereiche. Starke Befürchtungen betreffen den *zentralen Bereich* kirchengemeindlichen Lebens: den Kontakt zum Priester, die sonntägliche Eucharistiefeier sowie die sakramentale Betreuung der Kranken:

- Der Kontakt zum Priester würde aufhören (60 %).
- Der sonntägliche Kirchgang würde allmählich zurückgehen (62 %).
- Manche Kranke würden ohne Krankensakramente sterben (57 %).

Den zweiten Bereich kann man *kulturreligiös* nennen: die Schwächung des christlichen Glaubens in der Kultur, weniger religiöse Betreuung der Kinder, weniger gesellschaftliche Präsenz durch die Katholische Aktion, kultureller Verlust des Ortes, erschwerter Zugang zu kirchlichen Dokumenten und Schwächung des sittlichen Verantwortungsbewusstseins:

- Der christliche Glaube würde nach und nach schwächer (45 %).
- Die Kinder würden religiös nicht mehr so betreut (38 %).
- Die Katholische Aktion würde einschlafen (29 %).
- Der Ort würde kulturell viel verlieren (49 %).
- Es wäre schwieriger, kirchliche Dokumente zu erhalten (23 %).
- Das sittliche Verantwortungsbewusstsein würde geschwächt werden (20 %).

Schließlich sehen die Befragten aber selbst im Mangel *positive Auswirkungen* auf fällige Entwicklungen in der Kirche: Die Gemeinden würden ohne Priester mehr Eigenverantwortung übernehmen (müssen), überfällige Reformen kämen in Gang, es gäbe auch mehr Nachbarschaftsengagement:
- mehr Eigenverantwortung für Gemeinden (80 %)
- Kirche würde überfällige Reformen beginnen (58 %)
- mehr Nachbarschaftsengagement für einander (46 %).

Dunklen Befürchtungen stehen also neue Hoffnungen gegenüber. Besorgt sind die Pfarrgemeinderäte, weil sie einen Niedergang des gläubigen Lebens der Pfarrgemeinde (des Gottesdienstes, der Seelsorge durch die Priester, der Sittlichkeit) vermuten; Zuversicht löst der Gedanke aus, dass die katholische Kirche allein in der Krise zu längst fälligen Reformen genötigt werden könnte.

Lösungsvorschläge zur Überwindung des Priestermangels

Zu solchen Reformen gehört für sehr viele die Überwindung des Priestermangels. Die Vorschläge der befragten Pfarrgemeinderäte sind in dieser Hinsicht differenziert, weisen aber eine klare Tendenz auf: Um die fehlenden Priester zu ersetzen, sollen entweder Diakone oder Laien einspringen oder es sollen die Kriterien der Zulassung zum Priesteramt verändert werden. Dass den Ehrenamtlichen selbst zukünftig viel an Aufgaben zufallen wird, die zurzeit bei Priestern bzw. hauptamtlichen Seelsorgerinnen und Seelsorgern angesiedelt sind, und dass es vielleicht auch ehrenamtliche Priester geben könnte, kommt als Lösungsansatz nur ganz selten vor.

Folgende offene Frage war dem Priestermangel und seiner Lösung gewidmet: *»Aufgrund des Priestermangels werden viele Pfarr-*

gemeinden keinen Pfarrer mehr haben, der im Ort lebt. Wie soll die Kirche auf den Priestermangel reagieren?«

Das Hauptinteresse der Befragten ist, so die Analyse der Antworten, ein pfarransässiger Priester bzw. ein adäquat wirksamer (hauptamtlicher) Ersatz. Diese Personen sollen jene Aufgaben wahrnehmen können, die bislang vom Priester übernommen worden waren. Dabei spielt für sehr viele die Frage, ob dieser geweiht ist oder nicht, nur eine zweitrangige Rolle. Denn, so fast alle Befragten, Seelsorge werde schon heute oft auch von Laien geleistet, und das in qualitativ hochstehender Weise, häufig professioneller als durch (aus dem Ausland kommende) Priester. Ist kein Priester zu finden oder wird ein ausländischer Priester wegen des kulturellen und pastoralen »Fremdelns« abgelehnt[25], sind vielen auch ein Diakon oder ein gut ausgebildeter Laientheologe, eine Laientheologin willkommen. Manche verwenden dafür sogar das theologische Zwitterwort »Laienpriester«: *»Das Thema Laienpriester sollte als große Chance ernsthaft diskutiert werden, denn eine Pfarrgemeinde ohne Priester vor Ort wird auf Dauer als lebendige Glaubensgemeinschaft nicht bestehen bleiben«. [Mann, *1949]*

Die offenen Antworten auf die offene Frage nach dem Priestermangel und seiner Überwindung sind codiert worden. Dabei haben sich folgende Gruppen herausgeschält. Auch deren Verteilung kann angegeben werden. Wenn es zu wenige Priester gibt,

* hilft das Gebet (8 %)[26] oder
* wird die Berufung ausländischer Priester (1,4 %)[27] das Problem lösen
* wird an die Errichtung von pastoralen Großräumen entlang der Zahl verfügbarer Priester gedacht (15 %)[28]

---

25 Manchmal empfinden die Befragten einheimische Priester für unerträglicher als hervorragend wirkende Ausländische.

26 Den Zeitgeist in Europa kann man leider nicht aufhalten. Beten! Beten! Beten! Was anderes kann man trotz aller Anstrengung nicht machen. [Frau, *1976]

27 Mehr Pfarrverbände, ausländische Priester – im Osten gibt es noch genug [Frau, *1962]

28 Nehmen wir z.B. an, wir befinden uns in einer Gemeinde mit 7000 Einwohnern. Auch heute schon, wo der Priestermangel noch nicht so akut ist, wie er es wahrscheinlich schon in ein paar Jahren sein wird, hat ein Pfarrer nicht die Möglichkeit, sich wirklich intensiv um alle seine Kirchenmitglieder zu kümmern. Dennoch gibt es und gäbe es viele Menschen in einer Gemeinde (Pfarrgemeinderat), die sich sehr

- oder es sollen die Aufgaben von den fehlenden Priestern auf Diakone (3 %) oder andere gut ausgebildete Hauptamtliche (16 %)[29] übertragen werden.

Eine Alternative sehen die Pfarrgemeinderäte in der Ausweitung des Pools, aus dem die Kirche ihre Priester nimmt. Und dies von der Gruppe der akademisch gebildeten ehelosen Männer in Richtung

- verheiratete Männer (»viri probati«, also lebens- und ehebewährte Männer[30]) weihen (33 %[31])
- die Wiedereinstellung von laisierten Priestern[32] (2,3 %)
- die Weihe von Frauen[33] (15 %)
- die Weihe von gemeindeerfahrenen Personen (»personae probatae«[34]) (1,6 %), die von der gläubigen Gemeinde vorgeschlagen, von der Diözese auf einem Sonderweg ausgebildet, schließlich vom Bischof geweiht und zu einem pfarrlichen Presbyterium, einem »Ältestenteam« (Fritz Lobinger[35]) bestellt werden.

Die Ausweitung des Pools kann in verschiedenen Stufen erfolgen: von der Weihe bewährter verheirateter Männer (»viri probati«) über die Wiederindienstnahme laisierter Priester bis hin zur Ordination von Frauen. Die Auswertung der Antworten zeigt, dass wer die höhere Stufe vorschlägt, auch mit den niedrigeren Stufen einverstanden ist. Wer also für die Ordination von Frauen

---

wohl auch aktiv in das Geschehen integrieren würden und auch wollen. [Mann, o. J.]

29 Arbeit der Laien aufwerten. Viele Pastoralassistenten (Hauptamtliche) einsetzen, damit die Arbeit nicht an den Ehrenamtlichen hängen bleibt. [Frau, *1988]

30 Die (Amts-)Kirche sollte daher ehestens ermöglichen, Diakonen die Eucharistie zu erlauben bzw. in der Theologie erfahrenen Männern und Frauen den Zugang zu Weiheämtern zu erleichtern. [Mann, *1950]

31 Zählt man die Rehabilitation der Laisierten sowie die Ordination von Frauen dazu, erhält man 50,3 %.

32 Es gibt so viele laisierte Priester, die noch gebraucht werden wollen ... Und Diakone, denen mehr Rechte zugeteilt werden sollen ... Priesteramtskandidaten freistellen für die Gelübde!!!!!! [Frau, *1952]

33 Ich halte es für überaus wichtig, dass die Kirche endlich auch Frauen für dieses Amt zulässt, wenn es schon (zurzeit noch) undenkbar erscheint, Frauen zu Priesterinnen zu weihen. [Frau, *1967]

34 Berufung von erfahrenen Gemeindemitgliedern – als Gemeindevorsteher. [Mann, *1966]

35 Lobinger, Fritz: Team of Elders, Manila 2009.

ist, will auch die Laisierten[36] rehabilitiert sehen und ist für die Weihe verheirateter Männer. Wir haben die Aussagen der Befragten so codiert, dass die jeweils »äußere« Möglichkeit vermerkt wurde. Berücksichtigt man diese Überscheidungen, dann ergeben sich folgende Voten:

- verheiratete Männer (»viri probati«, also lebens- und ehebewährte Männer) weihen (50,3 %)
- die Wiedereinstellung von laisierten Priester (17,3 %)
- die Weihe von Frauen (15 %).

Keine eigenständige Pfarrgemeinde mehr

Unsere Pfarre ist Teil eines Pfarrverbandes. Die bislang selbstverständliche Betreuung durch einen Pfarrer wird weniger werden. Die (Pfarr-)gemeinde wird mehr auf Eigeninitiativen angewiesen sein, um das kirchliche Leben zu gestalten. – Es wird daher sehr auf die Arbeit der diversen Institutionen (auch Pfarrgemeinderat) ankommen, damit das kirchliche Leben nicht in die Bedeutungslosigkeit versinkt. Die Gefahr dazu ist leider sehr groß, weil die flankierenden Bewusstseinsbildungen in Politik, Schule und Familie sich zunehmend neutral, bzw. ohne Positionierung darstellen. – Eine aktive Bewusstseinsbildung des Pfarrgemeinderats im Verbund mit anderen (Gemeinde)gremien wird daher die Zukunft der Pfarrgemeinde sein. [Mann, *1952]

Der Verlust des eigenen Pfarrers geht heute oftmals einher mit der Einbindung der Pfarrgemeinde in einen größeren pastoralen Raum. An diese Entwicklung angebunden ist die fünfte große Sorge: Wird dies längerfristig zur Auflösung der Eigenständigkeit der Pfarrgemeinde führen, wenn die Gläubigen, die Priester und auch das Geld immer weniger werden?

Grundsätzlich kann eine solche Einbindung der Pfarre in einen Großraum auf verschiedene Weise geschehen:

---

36 Das Wort »Laisierung« sollte aus dem kirchlichen Sprachgebrauch verschwinden. Wenn Laie in den Konzilstexten die höchste in der Kirche erreichbare Würde von Gott her gesehen sein soll, dann darf dieses Wort nicht zur »Degradierung« eines Priesters verwendet werden.

- Entweder bleibt die Pfarre erhalten. Ein Pfarrverband entsteht.
- Oder aber es wird die Pfarre rechtlich aufgelöst und in eine größere rechtliche Einheit eingegliedert.

36 % der Befragten gaben an, schon Mitglied in einem Pfarrverband oder einem Seelsorgeraum zu sein. Diese Pfarren wurden nach ihren Erfahrungen gefragt: 34 % der Befragten aus »zusammengelegten« Pfarren berichten, dass sie schon vor der Zusammenlegung im größeren Raum zusammengearbeitet haben. Bei der Umstrukturierung war, so 21 %, die Hilfe von diözesanen Mitarbeitenden sehr hilfreich. 47 % haben ein Modell erarbeitet, das inzwischen etabliert ist und sich bewährt hat.

Neben diesen positiven Voten finden sich kritische Stimmen. 32 % sagen, es sei sehr schwierig gewesen, die Struktur in Richtung größerer Einheit zu verändern. Die Menschen waren, so 30 %, auch nur sehr schwer von der Sinnhaftigkeit der Zusammenarbeit im Pfarrverband/Seelsorgeraum zu überzeugen. 49 % legten Wert auf die Aussage, es würde die Kräfte überfordern, wenn zusätzlich (über die eigene Pfarre hinaus) auch in einem Pfarrverband/in einem Seelsorgeraum Verantwortung übernommen werden müsste.

Viele fragen sich besorgt, was langfristig mit der bisherigen Pfarre und ihrer mehr oder minder langen Geschichte passiert. Solche Fragen betreffen – zumal in kleineren politischen Gemeinden – nicht nur die Kirchenmitglieder, sondern das ganze Dorf. Dieses hat schon die Schule, das Gasthaus, die Polizei, oft auch Geschäfte und Handwerk verloren. Die Kirche war das letzte einigende Symbol, Zeichen einer langen eigenständigen Geschichte. Und nun lässt die Kirche das Dorf im Stich?

Freilich, es gibt noch dunklere Ängste. In einigen Teilen Europas sind die Diözesen dazu übergegangen, Kirchen zu schließen, abzureißen oder zu verkaufen. In Südholland, wo dieser Prozess weit fortgeschritten ist, gibt es die Firma »Reliplan«, deren einziges Unternehmensziel ist, Kirchen zu verkaufen. In einem Bericht heißt es: *»In den nächsten Jahren werden allein in den*

Niederlanden 2000 Kirchen frei. Nichts von Rezession. Es wird bes-
ser für uns.«[37]

---

37   Leidenfrost, Martin: Perversion ganz normal. »Brüssel zartherb«: Wie verkauft
      man eine Kirche? Ein Besuch bei Reliplan, in: Die Presse vom 3.10.2009.

»Visionen waren selten« (1 Sam 3,1)

Eine sehr idealistische Vision: In der Pfarrgemeinde soll sich jeder angenommen und willkommen fühlen. Eine Gemeinschaft von Christen, in der der Geist Gottes spürbar ist, in der sich die einzelnen Mitglieder in brüderlicher Nächstenliebe umeinander sorgen. [Mann, *1972]

Die offene Frage: *»Wie stellen Sie sich die Zukunft Ihrer Pfarrgemeinde in zehn Jahren vor?«* war genau genommen nicht dazu gestellt worden, um ernste Sorgen ans Licht zu heben, sondern den Vorrat bewegender Visionen auszukundschaften.

Visionen sind im Kräftehaushalt einer Organisation unverzichtbar. Sie geben die Richtung an, in welche das Engagement gehen soll. Visionen orientieren also. Zugleich erweisen sie sich als attraktiv. Visionen motivieren. Der Rat von Antoine de Saint-Exupéry dazu: *»Wenn du ein Schiff bauen willst, dann trommle nicht Männer zusammen, um Holz zu beschaffen, Aufgaben zu vergeben und die Arbeit einzuteilen, sondern lehre sie die Sehnsucht nach dem weiten, endlosen Meer.«*

Dass in vielen Pfarren eine Besinnung auf die leitende Vision einer Pfarrgemeinde ansteht, zeigen die Antworten auf die Frage der Entwicklung der eigenen Pfarre in den nächsten zehn Jahren. Sichtet man diese wertvollen Texte, dann ist das Gesamtbild eher düster. Lediglich eine Minderheit der Befragten (15 %) hat eine eindeutig attraktive Vision. Ein Beispiel:

Als Vision: Die heute Jugendlichen haben das Kommando übernommen. Sie sprechen immer noch die Sprache der Jugend und können daher die Kinder und Jugendlichen für die Kirche begeistern. Alles Tun in der Pfarre ist von Spiritualität durchdrungen. Dies bedeutet, dass das Apostolat vom Gebet und der Vertiefung in den eigenen Glauben getragen ist. Dadurch würde so manche Gschaftlhuberei und mimosenhaftes Gekränktsein kaum noch bei der täglichen Pfarrarbeit Platz haben. Der Pfarrer hat es noch besser gelernt, wie er mit den Angehörigen der Pfarre umgeht, ist offener beim Zugehen auf die Menschen geworden. Die jetzt so lebendigen Familienmessen tragen nach diesen zehn Jahren reiche Früchte. Wir haben noch tiefer erkannt, dass Christus uns trotz unserer Schwächen in seine

Nachfolge beruft und einlädt, sein Reich weiter auszubauen. Dieser Auftrag sollte uns in diesen zehn Jahren unser Selbstbewusstsein gestärkt haben, aber auch mehr Gelassenheit geben, denn letztlich ist es ja ER, dem die Vollendung unserer Arbeit in seinem Weinberg zukommt. Durch unser gelebtes Christsein sollte unsere Pfarrgemeinde für Außenstehende interessant und anziehend geworden sein, sodass viele Neugierige zu uns kommen und dann für Christus begeistert werden können. [Mann, *1939]

Zu dieser kleinen Gruppe (15 %) von Pfarrgemeinderäten mit einer starken Vision kommt mit 33 % ein Drittel, das von einer schwachen Hoffnung beseelt ist. 6 % können sich die Zukunft überhaupt nicht ausdenken. Die übrigen haben düstere Zukunftsbilder: 24 % meinen, es ginge dann nicht mehr so gut wie heute, 22 % rechnen überhaupt mit einer Katastrophe – es werde nur noch weiter abwärts gehen, der Niedergang sei nicht mehr aufzuhalten. Auch dafür Beispiele:

Es wird sich wenig geändert haben, denn Veränderungen in der Kirche brauchen immer Zeit – viel Zeit – wenn ich negativ denken würde, dann sehe ich nur alte Leute an einem Tisch sitzen und jammern … [Frau, *1969]

Aus heutiger Sicht fürchte ich, dass die Anzahl der sich Engagierenden merkbar abnimmt, auch das Mitfeiern der Gottesdienste. Unsere Pfarre befindet sich im Umbruch von einer umsorgten Gemeinde zu einer sorgenden Gemeinde. Einerseits verlassen sich noch immer viele Mitarbeiter darauf, dass der Priester Initiativen setzt, andererseits haben wir derzeit einen Pfarrer, der überhaupt nicht den Rücken stärkt, bei den Aufgaben, wo man sich engagiert. Momentan wird das Bestehende verwaltet, aber es gibt keine Visionen. [Frau, *1957]

… Das sinkende Schiff Kirche wird von uns Pfarrgemeinderatsmitgliedern künstlich gehalten. Oft denke ich, wir sollten es sinken lassen und eher beim Neubau helfen, als den brüchigen Kahn am Sinken zu hindern! [Frau, *1959]

Nun stecken gewiss in der Doppelmotivation, wie sie oben vorgestellt worden ist, faktisch viele Bausteine für eine pfarrliche Vision: Das Kommen des Reiches Gottes in Spuren, dass im Kraftfeld Gottes eine gerechte und friedvolle Menschheit wächst und die unantastbare Würde des Menschen in all seinen Lebensphasen gewahrt bleibt; dass Achtsamkeit und Wertschätzung, ja gegenseitige Förderung das Miteinander der Menschen prägen und bestimmen: Das gehört zu den in die Motive eingeschmolzenen Visionen von Pfarrgemeinderäten. Pfarrgemeinderäte sind somit gewiss nicht visionslos. Es kann aber sein, dass diese versteckten Visionen »nur« ein ungehobener Schatz sind – »nur« insofern, als sie das Tun nicht beflügeln und leiten. Braucht es also verstärkt Vorgänge, die diesen Schatz heben?

Wir werden im zweiten Teil dieser Frage nach dem Heben gottgeschenkter Visionen nachgehen.

Mein Traum wäre eine Pfarrgemeinde, wo in den Gottesdiensten, Feiern, Festen etc. lebendiger Glaube spürbar und sichtbar wird. Wo Menschen mit Begeisterung mitarbeiten, Kinder und Jugendliche gern in die Kirche kommen, um miteinander Gottesdienst zu feiern, wo Offenheit, gegenseitige Wertschätzung trotz Verschiedenheit da ist, wo der Mut, Neues zu wagen, sehr groß ist, wo niemand ausgenützt wird, keine Gerüchte in Umlauf gebracht werden ... das liest sich jetzt wahrscheinlich sehr unkonkret. Um all das zu verwirklichen, wäre es wichtig, die Bedürfnisse der Kinder und Jugendlichen ernst zu nehmen, den jungen Menschen wirklich zuzuhören. Die Kirche braucht eine Verjüngungskur – vom einfachen Pfarrmitglied, das in die Kirche kommt, bis in die obersten Gremien, die Leitungsfunktion haben! Das Verjüngen beziehe ich jetzt nicht ausschließlich auf das Alter ... jung ist, wer Neues wagt, die ausgetretenen Pfade verlässt, Konflikte nicht scheut, immer wieder infrage stellt ... ich kann mir sehr gut vorstellen, dass wir eine Gemeinde ohne Pfarrer werden, die von einem Team Engagierter geleitet wird ... vielleicht funktioniert das sogar besser, als es derzeit funktioniert. [Frau, *1959]
Zusammenfassend zeigt sich, dass die Lage der befragten Pfarrgemeinderäte zwiespältig ist.

• Auf der einen Seite sind die Pfarrgemeinderäte, von wenigen Ausnahmen abgesehen, gut motiviert. Die Art der Motive ist breit, sie reichen vom Mitwirken am Kommen des Reiches Gottes hin bis zur Entfaltung der eigenen gottgegebenen Fähigkeiten in einer tragenden Gemeinschaft.

- Auf der anderen Seite drückt die Last großer Sorgen. Ihnen gemeinsam ist die Angst vor einem Vorgang, der Züge des Alterns und Sterbens an sich trägt: das Sterben der Gottesdienstgemeinschaft, die Überalterung der Menschen, die sich der Pfarrgemeinde zugehörig fühlen und auch mitmachen; die Sorge um die Feier der »Eucharistie in Ruf- und Reichweite« und daher um einen Priester, der ihr vorsteht; die Sorge um das Überleben der eigenen Pfarrgemeinde, die oftmals eine lange und spirituell starke Geschichte hat.

Hier also sind einerseits starke Motivationen, dort andererseits niederdrückende, manchmal schier untragbare Sorgen, und das verbunden mit dem Gefühl von Ohnmacht und einer Aussichtslosigkeit, die durch den Eindruck verstärkt wird, dass die Kirchenleitung die Lage in ihrer Bedrohlichkeit nicht richtig einschätzt und vor allem nichts zu deren Milderung unternimmt. Könnten in dieser zerrissenen Lage Visionen zu einer Quelle der Zuversicht und eines neuerlichen Aufbruchs werden? Allerdings wäre es dann unabdingbar, dass Pfarrgemeinden und Kirchenleitungen sowohl die Einschätzung der Lage wie die Visionen auch teilen: Manche Diözesen machen sich gerade aus diesem Grund gemeinsam (synodal) auf den Weg. Der große spirituelle Prozess, der in Wien unter dem Titel »Apostelgeschichte 2010« läuft, ist ein wertvolles Beispiel dafür.

Visionen sind ein zentrales Moment jener Geist-geschenkten Spiritualität, ohne die Pfarrgemeinderäte nach eigener Auskunft nicht leben und arbeiten können. So werfen wir einen Blick auf die spirituelle Stärke der Pfarrgemeinderäte und ihrer alltäglichen Arbeit.

Spiritualität

Im Pfarrgemeinderat glauben lernen

Ein Viertel der Pfarrgemeinderäte und -rätinnen sind weniger als zehn Jahre kirchlich aktiv. Sind sie über die Pfarrgemeinderatsarbeit in die Kirche hineingewachsen? Immerhin 41 % sagten in der Studie: *»Durch die Arbeit im Pfarrgemeinderat wachse ich immer tiefer in den Glauben hinein.«* 90 % von ihnen sind der Ansicht: *»Als Pfarrgemeinderätin/Pfarrgemeinderat ist es notwendig, sich mit dem eigenen Glauben auseinanderzusetzen.«*

Das kann damit zusammenhängen, dass auch die Mitglieder der Pfarrgemeinderäte im Glauben eher Suchende als ganz fest Verankerte sind. Die Analyse der Antworten aus der Umfrage erhärtet diese Vermutung: Die ganz Glaubenssicheren bilden nicht die Mehrheit. Gestützt auf mehrere Einzelaussagen[38] haben sich drei Gruppen herausgeschält:

- Ein erster Typ sind die *Skeptiker* (35 %). Sie sind noch nicht lange im Pfarrgemeinderat, haben eine unterdurchschnittliche Kirchgangshäufigkeit. Sie sagen am häufigsten, dass sie als Pfarrgemeinderat auch Glaubenszweifel kennen. Sie tun sich mit spirituellen Vorgängen im Pfarrgemeinderat schwer. Unter den Jüngeren bis 29 Jahren sind mit 67 % weit mehr solche Skeptiker als unter den über 70-Jährigen (18 %).
- Der zweite Typ sind die *Glaubenssicheren* (30 %). Auch diese sind erst kürzere Zeit im Pfarrgemeinderat, aber sie feiern regelmäßig sonntags den Gottesdienst mit und haben keinerlei Glaubenszweifel. Nach ihnen passt auch die Kirche ohne Umstände in die Zeit.

---

38 Ich habe als Pfarrgemeinderat auch schon einmal Zweifel und Unsicherheiten im Glauben erlebt. (45 %)
Durch die Arbeit im Pfarrgemeinderat wachse ich immer tiefer in den Glauben hinein. (41 %)
Es fällt mir schwer, in der Gruppe über meine Spiritualität zu sprechen. (22 %)
Ich gehe jede Woche zur Messe. (75 %)
Die Kirche passt nicht in unsere Zeit. (9 %)
Die Beschlüsse des Zweiten Vatikanischen Konzils sollen entschlossener durchgeführt werden. (61 %)

- Der dritte Typ wird durch die *Konzilsgeneration* verkörpert (35 %); sie arbeiten am längsten im Pfarrgemeinderat mit und wünschen sich eine entschlossenere Fortführung der Beschlüsse des Zweiten Vatikanischen Konzils. Auch in dieser Gruppe gibt es Menschen, die Glaubenszweifel kennen. Diesen Typ von Pfarrgemeinderat finden wir deutlich öfter unter den 70-Jährigen (57 %) als unter den unter 29-Jährigen (6 %).

Hier stellen sich mehrere Fragen für die Entwicklung der Pfarrgemeinderäte: Braucht es für sie bereits am Beginn der Wahlperiode eine tiefere Einführung in Glaubensfragen? Wie kann die alltägliche Arbeit selbst als eine Art diskreter Glaubensschule zumal für die modernen jüngeren Skeptiker angesehen werden? Wird nicht die Skeptikerin, der Skeptiker der »normale« Glaubenszustand[39] unter modernen Bedingungen sein?

Wird hier zudem eine Gesetzlichkeit erkennbar, wie heute »Mission« läuft: Zuerst gewinnt man jemanden seinen Fähigkeiten entsprechend zur Mitarbeit? Schafft das nicht nur ein Gefühl der Zugehörigkeit, sondern bildet den Anreiz, nach und nach, fast unbemerkt, tiefer in den Glauben hinein zu reifen? Die angelsächsische Missionspraxis spricht vom »belonging before believing« – vom Dazugehören vor dem Glauben. Ist das nicht insbesondere bei jüngeren Menschen so?

Spirituell geformte Pfarrgemeinderatsarbeit

Die spirituelle Praxis in den untersuchten Pfarrgemeinderäten stellt sich als überaus vielfältig dar:
- Spirituelle Themen sind auf der Tagesordnung einer *Klausur* gestanden (67 %), es fand (mindestens einmal) eine intensive Auseinandersetzung mit einer Bibelstelle statt (57 %).
- Die bunte *Vielfalt an Spiritualitäten*, ein katholisches Markenzeichen, wird geschätzt (45 %). Der Pfarrgemeinderat achtet auf eine solche Vielfalt auch in der Pfarrgemeinde. Die einzel-

---

39 Der österreichisch-US-amerikanische Religionssoziologe und Amtsträger der Presbyteranischen Kirche Peter L. Berger betitelte aus diesem Grund sein überaus lesenswertes Glaubensbuch mit »Questions of Faith. A sceptical affirmation of Christianity«, Oxford 2003 (Erlösender Glaube. Fragen an das Christentum, Berlin 2006).

nen Pfarrgemeinderatsmitglieder gehören selbst offenbar unterschiedlichen spirituellen Gruppen an, was von einem starken Drittel positiv bewertet wird (36 %).

- Ein Drittel berichtet von *Schwierigkeiten*, im Pfarrgemeinderat spirituell zu sein (33 %). Es sei auch nicht einfach, Glaubensthemen bei Sitzungen anzusprechen (26 %).
- Schließlich verweisen drei Aussagen auf das grundsätzliche *Verhältnis von Spiritualität und Gremienarbeit*. Ein Fünftel sieht keine Verbindung zwischen beiden und weist Spiritualität aus dem Pfarrgemeinderat hinaus (21 %). Ebenso viele (22 %) betrachten im Gegenzug dazu die Arbeit im Pfarrgemeinderat selbst als einen spirituellen Vorgang.

Bleibt trotz guter Werte hinsichtlich der ausdrücklichen spirituellen Praxis in den Pfarrgemeinderäten die Frage, *warum lediglich 22 % der Befragten die alltägliche Arbeit im Pfarrgemeinderat als spirituellen Vorgang betrachten*: also das, worüber beraten wird, der Umgang miteinander, die Art und Weise, Konflikte auszutragen, der Wunsch nach Weiterbildung, die Entfaltung der eigenen Fähigkeiten und Charismen. Was bedeutet es dann in diesem Zusammenhang, dass 79 % den Pfarrgemeinderat »auch« als Glaubensgemeinschaft empfinden?

Es fällt auf, dass vor allem jüngere Befragte Spiritualität und pastorale Arbeit im Pfarrgemeinderat nicht ineinander sehen. Lehnen den Satz *»Ich betrachte die alltägliche Arbeit im Pfarrgemeinderat als spirituellen Vorgang«* unter den über 70-Jährigen 31 % ab, so sind es bei denen unter 29 Jahren 49 %. Die durchschnittliche Ablehnung des Satzes liegt bei 37 %.

Aber, so ist zu fragen, ist nicht das alltägliche Arbeiten eines Pfarrgemeinderates ebenso spirituell wie besondere »spirituelle Tagesordnungspunkte« zur geistlichen Umrahmung der Arbeit oder auch eigene Klausuren oder Fortbildungen zu spirituellen Themen? Oder anders formuliert: Wie hängen die weithin gewünschte Professionalität im Alltag der Pfarrgemeinderäte und die in ihnen vorfindbare Spiritualität zusammen?

Der spirituellen Dimension der alltäglichen Arbeit wird daher im zweiten Teil unter der Überschrift »Zur Stärkung der Arbeitskultur und Zufriedenheit« eigens nachgegangen.

Stellenwert der Eucharistiefeier

Wir fragten in einer Zusatzerhebung[40] nach der Bedeutung der sonntäglichen Eucharistiefeier, der heiligen Messe: für die Befragten selbst, für das Leben der Pfarrgemeinde. Nicht wenige signalisierten Dankbarkeit, dass dieses Thema überhaupt so offen an sie herangebracht wurde und sie zum Nachdenken anregte. So lautete die offen gestellte Doppelfrage:

* Welche Bedeutung hat die sonntägliche Feier der Eucharistie (die heilige Messe) für Sie persönlich?
* Welche Rolle spielt sie im Leben Ihrer Pfarrgemeinde?

Die Antworten weisen in recht unterschiedliche Richtungen:

[1] Eine erste Position: Die Eucharistiefeier ist ein geistlicher *Höhepunkt des persönlichen wie des gemeindlichen Lebens.* Menschen erleben sich in ihrer Verbindung zu Christus gestärkt, was sie auch untereinander eint. Indem sie sich den Leib Christi einverleiben, werden sie sein Leib. Dadurch erweist die Messfeier ihre unersetzliche Bedeutung für die Lebendigkeit der Pfarrgemeinde; es macht diese zur Quelle und zum Höhepunkt – eine Aussage des Zweiten Vatikanischen Konzils, die wiederholt[41] zitiert wird. Ohne Messe wäre der Sonntag kein Sonntag. Sie bringt Trost wie Wandlung. Wie wichtig die Sonntagsmesse ist, merken manche erst, wenn es zu spät ist. Wer für sich vom zentralen Stellenwert der Eucharistiefeier in dieser Weise überzeugt ist, wird deshalb alles daran setzen, dass sie auch jeden Sonntag in der Pfarrgemeinde gefeiert wird; zudem gibt es für diese Befragten keine Alternative zur Eucharistiefeier. So ist es für Menschen dieser Position sehr schmerzlich, wenn diese – in Ermangelung eines Priesters – nicht mehr jeden Sonntag gefeiert werden kann. Manche bleiben weg, andere pendeln in eine Nachbargemeinde, in der eine Messe möglich ist. Ein Wortgottesdienst ist für sie kein Ersatz: *»Eine (Pfarr)gemeinde wird auferbaut durch die sonntägliche Messe. Sie ist Höhepunkt und Quelle allen pfarrlichen Tuns.« [Mann, *1960]*

---

40 Sie lief im November 2009. Angemailt wurden rund 13 000 Pfarrgemeinderäte. Beteiligt haben sich rund 30 %.
41 Liturgiedekret SC 10; Priesterdekret PO 5; Konstitution über die Kirche LG 11.

[2] Anders die Vertreterinnen und Vertreter einer zweiten Richtung. Diesen ist das Zusammenkommen so wichtig, dass sie dieses nicht mehr mit der Eucharistiefeier verknüpfen. Dabei bleibt ein *Gottesdienst als einigendes Ereignis* wichtig, aber es kann auch ebenso eine gut gestaltete Wortgottesfeier sein. Manche wünschen sich in diesem Fall einen Wortgottesdienst mit einer Kommunionfeier, weil diese auf eine Messe verweist, die zuvor gefeiert wurde oder gleichzeitig andernorts gefeiert wird.[42]

[3] Eine dritte Gruppe ist weniger auf den Gottesdienst, sondern vorrangig auf das *Gemeinschaftserlebnis* ausgerichtet. Solches Zusammenkommen ist nicht zuletzt auch ein Beitrag zur Identität des Dorfes; und wenn man in der Stadt zusammenkommt, verschafft das ein beheimatendes »Dorfgefühl« im Stadtteil. Diese Gemeinschaftserfahrung widerspricht nicht gläubiger Erfahrung, denn die gesuchte Gemeinschaft gründet am tiefsten im Glauben und stärkt diesen auch. Menschen, die so denken, würden nie in eine Nachbarspfarre gehen, um dort die Messe mitzufeiern.[43]

---

42 Bei uns ist die Feier der Eucharistie 14-tägig abwechselnd mit einer Wortgottesfeier – natürlich gibt es Pfarrangehörige, die an den Sonntagen mit Wortgottesfeier in eine der Nachbarpfarren ausweichen, diese sind aber an den Sonntagen mit Messe wieder hier – für den Großteil der Pfarrangehörigen ist es wichtig, dass am Sonntag das Leben und der Glaube gemeinsam gefeiert werden kann, und es ist ihnen wichtig, dass die Wortgottesfeier mit einer Kommunionspendung verbunden ist (darauf würden sie ungern verzichten) – die sonntägliche Feier ist mehr als die Zusammenkunft zur Messe oder zum Wortgottesdienst, hinterher steht man noch zusammen und macht vieles noch aus – seien es private Dinge oder auch pfarrlich organisatorische Dinge. In der Kirche und auch danach am Kirchenplatz erleben sich die Menschen als Pfarrgemeinde, als größeres Ganzes – als Lebens- und Glaubensgemeinschaft, deren Tun sich um die klare Mitte Jesus Christus dreht, und sich daran auch immer wieder ausrichtet – fatal wäre für die Pfarrgemeinde, wenn es keine sonntägliche Feier mehr vor Ort gäbe, und man ins Nachbardorf fahren müsste – der fixe Versammlungsort und -zeitpunkt *in* der Pfarre ist wichtig, um sich als Gemeinschaft erleben zu können. Natürlich wäre es dem Großteil der Pfarrangehörigen lieber, wenn es sonntags immer eine Messe gäbe – wobei es aber gerade den jüngeren der Pfarrgemeindemitglieder nicht mehr darum geht »Hauptsache ein Pfarrer ist da, und wie er mit uns feiert, ist egal«, sondern für sie wird es zunehmend wichtiger, dass mit dem Pfarrer ein Zusammenarbeiten möglich ist, dass dieser dem Leben in der Feier Platz gibt und dass die in der Messe verkündete Botschaft auf der Höhe der Zeit ist. [Frau, *1973]

43 Eine ganz wichtige. Wir sind eine gut funktionierende Pfarre, die Kirche ist am Sonntag bummvoll. Wir haben unzählige Ministranten, die gerne mitmachen und regelmäßig kommen. Obwohl wir eine Stadtpfarre sind, ist unser Kirchplatz nach der Messe ein Ort der Kommunikation, wo die Menschen gerne noch ein bisschen verweilen. Nach der Messe gibt es auch Stammtische, Pfarrcafés, 3.Welt-Läden etc.

[4] Viele berichten in ihren Antworten von einer *bedrohlichen Abnahme* der Mitfeiernden. Eine bedrängende Überalterung findet statt. Sie klagen über das Fernbleiben der Kinder und Jugendlichen – eine Sorge, die an späterer Stelle wieder aufgegriffen wird. Es missfällt dieser Gruppe auch die eingeschlichene Routine sowie der Hang zum Event.[44]

[5] Die Kritik der letzten Richtung ist radikal. Von *innerem Verfall* ist die Rede, von schlechter Gottesdienstkultur; Gottesdienste seien so fad, dass Kinder und Jugendliche verständlicherweise wegbleiben. Die Predigt wird kritisiert, auch der formale Ritualismus. Das Leben finde keinen Eingang in die Feier, so bleibe diese leer und folgenlos. Ein Befragter bewertet die Gottesdienstkultur folgendermaßen: *»Hauptsächlich eine Tradition, die von immer älter werdenden Messbesuchern[45] konsequent gepflegt wird. Ein Rühren an diesen Traditionen ist undenkbar. Eine extreme Minderheit lebt die Messe auch nach dem Verlassen des Gotteshauses.« [Mann, *1961]*

Auf dem Hintergrund solcher disparaten Einschätzungen stellt sich eine Reihe Fragen, welche den Pfarrgemeinderäten keinesfalls fremd zu sein scheinen: Haben sich doch mehr als die Hälfte der Pfarrgemeinderäte (55 %) in der letzten Periode mit der Gestaltung von Sonntagsgottesdiensten befasst:

- Ist die Feier der Eucharistie in allen Pfarrgemeinden wirklich Quelle und Höhepunkt des persönlichen wie des gemeindlichen christlichen Lebens?

Es ist immer etwas los. Ohne Sonntagsmesse würden wir einander nicht treffen. Dass bei uns der Sonntag so gefeiert wird, hängt nicht zuletzt an der günstigen Messzeit (10.15 Uhr). Sie erlaubt, länger zu schlafen, trotzdem mit den Kindern ausgiebig zu frühstücken und dennoch pünktlich ohne hetzen zur Kirche zu kommen. So schaut ein runder Sonntag aus! [Mann, *1967]

44 Es ist traurig zuzuschauen, wie es immer weniger werden. Nur wenn etwas geboten wird, sei es musikalisch oder wenn die Kinder den Gottesdienst gestalten, sind es mehr. Der Gottesdienst an und für sich ist in unserer Pfarrgemeinde bei den jungen Leuten – so unter 50!!! – nicht mehr Teil ihres Lebens. Bei uns ist eine Überalterung der Gottesdienstbesucher klar zu erkennen. [Frau, *1965]

45 Dieser theologisch fragwürdige Begriff hat sich in verschiedenen Verbindungen (Messbesucher, Kirchenbesucher) leider eingebürgert. Aber ist es sinnvoll zu sagen, ein Kirchenmitglied, das zur »Familie Gottes« gehört, besucht diese am Sonntag? Geht ein Christ am Sonntag also nicht an seinen (geistlichen) »Hauptwohnsitz«? Oder im paulinischen Bild von »Leib Christi« (Röm 12; 1 Kor 12): Kann die Hand wirklich den »Leib« besuchen? Es wäre besser von Kirchgängern zu reden oder von Mitfeiernden der Sonntagsmesse.

- Ist die Kultur des Sonntagsgottesdienstes, sind also die Kunst des Feierns (ars celebrandi) sowie die Kunst des Predigens (ars praedicandi) in vielen Gemeinden nicht derart geschwächt, dass jene Recht haben, die eine seltenere Sonntagsmesse – ausgelöst durch den Priestermangel – durchaus nicht als verkehrt ansehen? Hat nicht ein von Laien (Männern und Frauen) gut gestalteter Wortgottesdienst dann mehr Kraft als eine schlecht gestaltete Eucharistiefeier?
- Oder ins Positive gewendet: Ist in den örtlichen Gemeinden jene Glaubenskraft vorhanden, dass aus ihr eine innere Verwandtschaft zur sonntäglichen Eucharistiefeier erwächst?

Neben der offenen Frage nach dem Stellenwert der sonntäglichen Eucharistiefeier wurde auch eine Hand voll geschlossener Fragen gestellt. Diese erlauben eine Gewichtung der Antwortrichtungen: So betonen 58 % uneingeschränkt, dass die Sonntagsmesse für die Entwicklung der Pfarre als gläubige Gemeinde eine Schlüsselrolle spiele. Weitere 37 % stimmen dem abgestuft zu. Das sind zusammen 95 %! 38 % sind eindeutig der Ansicht, dass ein Wortgottesdienst dies nicht bewirken würde.

24 % stimmen voll zu, dass Sie nach der Feier der Heiligen Messe anders aus dem Gottesdienst hinausgehen als sie hineingegangen sind. Dass dies nur 24 % sind, erstaunt angesichts der Tatsache, dass die Wandlung der Versammelten durch den herabgerufenen Gottesgeist ein wesentlicher Vorgang der Messe ist. Weitere 43 % beobachten dies mit einer leichten Einschränkung. 62 % lehnen den Satz ab: »*Viele Gemeinden treffen sich am Sonntag zu einem religiös verschönten Konditoreibesuch.*«[46]

In der Frage, ob der sonntägliche Kirchgang an die Feier der Eucharistie gebunden ist oder nicht, sind die Meinungen geteilt. 37 % gehen ganz sicher auch dann sonntags zur Kirche, wenn keine Eucharistie gefeiert wird. Weitere 18 % meinen, dass sie das

---

46 Für viele Christinnen und Christen bedeutet er Ähnliches wie für mich. Hat wichtige Rolle für die Pfarrgemeinde, Stärkung durchs gemeinsame Gebet und Kommunion, Kontakt mit Pfarrer und Gemeindemitgliedern. Leider kaum jüngere Menschen, die sind nur bei besonders gestalteten Gottesdiensten dabei. Zum Teil Ritual für ältere Menschen, die danach sich beim Pfarrcafé treffen (also wirklich eine Art religiös verschönerter Konditoreibesuch). Für jüngere Menschen und junge Familien ein Event, der ab und zu besuchenswert ist (wenn es eine besondere Gestaltung gibt). [Frau, *1968]

wahrscheinlich tun würden. Die übrigen sind sich nicht so sicher. Mit dem Ausfall von sonntäglichen Eucharistiefeiern ist längerfristig auch mit dem Wegbleiben etwa der Hälfte der derzeitigen Kirchgänger zu rechnen.[47]

51 % sind hingegen bereit, zur Mitfeier an einer Heiligen Messe/Eucharistie in die Nachbarpfarre zu fahren.[48]

Es stimmt nachdenklich, dass selbst unter den Pfarrgemeinderäten 35 % die Ansicht vertreten, dass man auch ohne Sonntagsmesse eine gute Christin, ein guter Christ sein könne. In der Gesamtbevölkerung wird diese Position schon längere Zeit breit vertreten.[49]

Nimmt man all diese Antworten zusammen, verdichten sie sich in zwei Positionen. Die einen fühlen mehr »eucharistisch«.[50] Ihnen ist die Feier der Heiligen Messe als geistliches Ereignis wichtig. Die anderen hingegen sind mehr »gemeindlich« gestimmt.[51] Für sie sind das Zusammenkommen und die Erfahrung einer Gemeinschaft wichtig, die aus dem Glauben erwächst und diesen zugleich festigt. Beide Positionen sind unter den Befragten in etwa gleich stark vertreten, mit einem leichten Überhang zu den »Gemeindlichen«, vor allem unter den Jüngeren. Könnte das ein Zeichen dafür sein, dass das Bewusstsein für die Größe und Tiefe des Herrenmahls zunehmend verloren geht?

Manche ziehen daraus den bedenkenswerten Schluss, dass es angesichts des wachsenden Unverständnisses über die tiefe

---

47 Für viele gehört der Besuch der Messe einfach dazu, manche kommen nicht, wenn ein Wortgottesdienst angekündigt ist, manche sind nicht bereit, die Messe mal in einer anderen Pfarre mitzufeiern. [Frau, *1947]

48 Derzeit versuchen wir zusätzlich jeden Sonntag einen Wortgottesdienst anzubieten – aber für viele Menschen wäre eine richtige Messe wichtiger! Es gibt auch Leute aus der Pfarrbevölkerung, die deswegen in die Nachbarpfarren fahren um dort an den Heiligen Messen teilzunehmen. [Frau, *1988]

49 »Man kann auch ohne Sonntagsmesse ein guter Christ sein.« Dieser Aussage haben 1970 in Österreich 61 %, 1980 71 %, 1990 79 % und 2000 85 % zugestimmt.

50 Eucharistie gefeiert. Gott ist real gegenwärtig nach der Wandlung in der Kommunion, die wir empfangen dürfen. Von dort geht Kraft, Hilfe, Trost und Hoffnung hervor. Die Heilige Messe kann daher durch nichts ersetzt werden, auch nicht durch Wortgottesdienste, Gebetstreffen oder sonstige Frömmigkeitsübungen. [Mann, *1960]

51 Das ›Sich-am-Sonntag-in-der-Kirche-treffen‹ ist für eine kleine Landgemeinde geradezu lebensnotwendig. Die politische Gemeinde ist nicht in der Lage, jede Woche Menschen zu versammeln, das kann nur die Pfarrgemeinde – daher sollte am Sonntag unbedingt in der Heimatpfarrkirche gefeiert werden. [Mann, *1952]

Bedeutung der Eucharistiefeier ohnedies angemessen sei, mit ihr zurückhaltend umzugehen. Das beginnt bei der Frage, ob man bei Volksfesten, dann aber auch bei Schulmessen, Trauungen, Beerdigungen immer eine Eucharistiefeier ansetzen soll. Und manche weiten diese Frage auch auf die sonntägliche Zusammenkunft der Pfarrgemeinde aus: Ist eine durch den Priestermangel verursachte seltene(re) Eucharistiefeier nicht ein gutes Instrument dafür, die Messe aufzuwerten? Gewinnt nicht gerade was rar ist an Tiefe und Bedeutung?

Die Alternative wäre, über eucharistische Katechesen[52] neu zu erschließen, was es bedeutet, wenn wir tun, was der Herr uns aufgetragen hat: Abendmahl und Fußwaschung gemeinsam zu feiern. Dass eine solche Katechese nicht in der Feier selbst geschehen darf, sei nur vorbeugend vermerkt. Die Menschen wollen in den Raum der wandelnden Gegenwart Gottes eintreten und sich nicht auf einer katechetischen Schulbank wiederfinden.[53]

Die Frage nach der sonntäglichen Eucharistiefeier und ihrem angemessenen Ort wird im zweiten Teil im Abschnitt »Eucharistie im pfarrlichen Leben« weiterverfolgt werden.

Wortgottesfeiern

Der zunehmende Priestermangel hat die Häufigkeit von Wortgottesfeiern steigen lassen: In 54 % der Pfarren (der Befragten) gibt es heute diese Gottesdienstform.[54] Wortgottesfeiern sehen 59 % für einen Reichtum an – und das unabhängig vom Priestermangel. 75 % beobachten, dass verschiedene Gruppen der Pfarre eingeladen werden, Wortgottesdienste mitzugestalten.

Die Einzelaussage *»Wenn es Wortgottesdienste gibt, nehmen signifikant weniger Menschen teil«* halten 14 % für völlig zutreffend, weitere 26 % für zutreffend. Das sind zusammen 40 %.

---

52 Schönborn, Christoph: Wovon wir leben können: Das Geheimnis der Eucharistie, Freiburg 2005.

53 Zulehner, Paul M.: Wie Musik zur Trauer ist eine Rede zur falschen Zeit. Wider den kirchlichen Wort-Durchfall, Ostfildern 1998.

54 Dazu kommen in 81 % weitere spirituelle Angebote, traditionelle (wie Rosenkranz) oder neuere (Taizégebet, Meditationsabende).

Um die Zusammenhänge näher zu beleuchten, wurden die beiden Aussagen über das Stattfinden sowie über die Akzeptanz von Wortgottesdiensten miteinander verbunden. Dabei haben sich drei Kombinationen abgezeichnet.

- In 23 % der Pfarren werden so gut wie *keine Wortgottesdienste* gefeiert.
- In 51 % der Fälle wird der (eher gelegentliche) Wortgottesdienst *akzeptiert*. Für diese Personen ist es nicht so, dass signifikant weniger Menschen an den Wortgottesdienst teilnehmen. Das Wenigerwerden macht sich als Tendenz an der sonntäglichen Eucharistiefeier fest.
- 25 % schließlich haben (häufig) Wortgottesdienste in der Gemeinde, sind aber der Ansicht, dass die Akzeptanz gering ist: *Signifikant weniger Menschen* würden an ihnen teilnehmen.

Je öfter ein sonntäglicher Wortgottesdienst in einer Pfarre gefeiert wird, desto eher sagen die befragten Pfarrgemeinderäte, dass deutlich weniger Leute diese mitfeiern. Das stimmt nachdenklich. Läuft eine Art faktischer Entwöhnung vom sonntäglichen Gottesdienst durch den Wechsel von der Feier der Eucharistie zu einer Wortgottesfeier – womöglich mit dem Resultat, dass jemand gar nicht mehr mitfeiert? Ob ein Pfarrer am Ort residiert, hat mit dieser Entwicklung übrigens so gut wie nichts zu tun.

Nehmen also die Pfarrgemeinderäte die Wortgottesdienste nicht nur als Symptom der Krise des Pfarrermangels wahr, sondern zugleich als eine Gottesdienstform, welche den weiteren Rückgang der Gottesdienstfeiernden wahrnehmbar beschleunigt? Wir geben dazu einer Frau das Wort, um ihr Anliegen vorzubringen:

»Da unser Herr Pfarrer schon ziemlich alt ist, fürchten wir, dass wir keinen Pfarrer mehr bekommen werden. Wenn ein Pfarrhof nicht mehr bewohnt wird, leidet das Pfarrleben unweigerlich, davon bin ich felsenfest überzeugt. Es wird uns zwar immer wieder gesagt, dass man ... auch nicht für 1000 Bewohner einen Pfarrer hat, jedoch kann man das in keinster Weise mit dem Land vergleichen. Wie stellt man sich vor, dass die Kirchenbesucher zu Messen in andere Ortschaften fahren müssen, da gibt es keine öffentlichen Verkehrsmittel und auch nicht gleich die nächste Kirche ein Stück weiter.« [Frau, *1958]

Wie sich Pfarrgemeinderäte verstehen

Zum Selbstverständnis des Pfarrgemeinderates

Was ein Pfarrgemeinderat ist, wird – unbeschadet der kirchen-rechtlichen Vorgaben – von den Befragten unterschiedlich ge-sehen. Den Pfarrgemeinderäten wurden vier Möglichkeiten zur Auswahl vorgelegt. Diese konnten von einem ersten bis zu einem vierten Platz gereiht werden. 51 % aller Befragten sehen im Pfarr-gemeinderat in erster Linie eine Vertretung des Kirchenvolks. 30 % wiederum halten ihn vor allem für ein Arbeitsgremium. Für 28 % ist er ein Beratungsgremium, 18 % schließlich würdigen ihn als Leitungsgremium.[55]

Was bedeutet es, dass der Pfarrgemeinderat nur von einem Viertel erstrangig der Beratung zugeordnet wird? Ist das vielen zu wenig, vielleicht auch deshalb, weil das Wort Beratung so leichtgewichtig erscheint? Oder ist die Bandbreite der Bilder vom Pfarrgemeinderat deshalb so groß, weil sich im Zuge des Umbaus der Kirchengestalt die Rolle der Pfarrgemeinderäte unweigerlich entwickeln wird – wie sich ja auch die Rolle der Pfarrer, der Pasto-ral- und Gemeindereferenten und -referentinnen verändert?

Dieser Frage nach dem Umbau der Rolle der Pfarrgemeinde-räte im Zuge des Umbaus der pastoralen Räume wird im zweiten Teil nachgegangen.

Leitungspersonen

»Leitungsperson« des Pfarrgemeinderates, so wurde im Fragebo-gen festgehalten, meint in den einzelnen Diözesen Verschiedenes: stellvertretende/r, geschäftsführende/r Vorsitzende/r, Obmann/

---

55 Die letzte Möglichkeit schilderte ein Pfarrer (*1977) so: »Als Pfarrer sehe ich die Mitarbeiterinnen und Mitarbeiter des Pfarrgemeinderats als meine wichtigsten, sehe ich den Pfarrgemeinderat als Leitungsgremium der Pfarre. Deshalb entlastet mich der Pfarrgemeinderat, weil er mit mir Verantwortung teilt. In meiner Lei-tungsrolle sehe ich eine Chance, Christinnen und Christen zu motivieren, das Gesicht unserer Kirche und unserer Welt positiv mitzugestalten. Der Pfarrgemein-derat ist einfach notwendig, weil jede Gemeinschaft Struktur braucht. Schön, wenn dann auch noch das Miteinander stimmt, dass ich mich z. B. auf Klausuren freuen kann wegen des Miteinanders.«

Obfrau, Ratsvikar/in. Dabei galt das forscherische Interesse der Frage, wer tatsächlich leitet: *»In unserem Pfarrgemeinderat hat faktisch die ›Leitung‹ ...«*[56]

Die Antworten verweisen darauf, dass die Mehrzahl der Befragten (66 %) den Pfarrer selbst als diese »Leitungsperson« ansieht. An zweiter Stelle rangiert ein ehrenamtlicher Vorsitzender, eine ehrenamtliche Vorsitzende (40 %). Mit 11 % folgt an der dritten Stelle ein ehrenamtliches Leitungsteam. 8 % sehen eine/n Hauptamtliche/n als Leitungsperson. Für 2 % ist es ein Diakon, für ebenso wenige ein »graue Eminenz«.

70 % der Befragten kommen mit der Leitung des Gremiums – ganz allgemein besehen – gut zurecht. Das ist ein erfreuliches Ergebnis. Lediglich 8 % sind (sehr) unzufrieden. Diese allgemeine Zufriedenheit differenziert sich allerdings durch weitere Analysen.

Verhältnis Pfarrgemeinderat – Pfarrer

Ein Aspekt des Leitungsstils ist das Verhältnis von Pfarrer und Pfarrgemeinderat. Zwei Fragen stellen sich:
* Lässt der Pfarrer den Pfarrgemeinderat eigenständig arbeiten?
* Und wie gehen umgekehrt Pfarrgemeinderäte mit ihrem Pfarrer um?

Eigenständiges Arbeiten

69 % der befragten Mitglieder von Pfarrgemeinderäten sehen eigenständiges[57] Arbeiten als wichtige Aufgabe an. 56 % betonen, dass dies auch der Fall ist und ihr Pfarrer sie eigenständig arbeiten lässt. Nur ein Viertel (26 %) begründet den Wunsch nach eigenständigem Arbeiten damit, dass der Pfarrer überlastet ist und sich daher gar nicht so sehr um den Pfarrgemeinderat kümmern

---

56 Bei dieser wie den folgenden Fragen meint »Leitungsperson« stellvertretende/r, geschäftsführende/r Vorsitzende/r, Obmann/Obfrau, Ratsvikar/in usw.

57 In den Texten hat das Wort »eigenständig« zwei unterschiedliche Inhalte: Einmal geht es um das eigenständige Arbeiten, dann um die Eigenständigkeit der Pfarre als Einheit.

kann. In der Auswertung der Daten werden drei Typen erkennbar:

- Ein Viertel kann als *pfarrerorientiert* bezeichnet werden. Sie treffen ihre Entscheidung immer »mit dem Pfarrer«. Dieser lässt sie seinerseits nicht eigenständig arbeiten.
- Sodann erleben sich 44 % durchgängig *eigenständig*. Sie haben in allen Aussagen zur Eigenständigkeit überdurchschnittliche Mittelwerte.
- Eine dritte Gruppe bezeichnen wir als *autonom*. Der Pfarrer lässt sie eigenständig arbeiten. Das hat nur wenig damit zu tun, dass der Pfarrer überlastet ist. Diese Gruppe trifft auch am ehesten Entscheidungen ohne Pfarrer. Ein wenig hat man den Eindruck, dass diese »Autonomen« vom Pfarrer eher alleingelassen werden.

Über die Leitungskompetenz der Pfarrer

85 % der Befragten haben das Gefühl, dass ihr Pfarrer dem Pfarrgemeinderat gegenüber positiv eingestellt ist. Nur eine verschwindende Minderheit von Pfarrern scheint aus der Sicht der Befragten eine negative Einstellung zu haben. Das ist eine gute Grundlage für eine gedeihliche Zusammenarbeit zwischen Pfarrer und Pfarrgemeinderat.

So erleben in einzelnen Facetten die Befragten ihren Pfarrer gegenüber dem Pfarrgemeinderat:

- 69 % fühlen, dass ihr Pfarrer jede Form von Eigeninitiative schätzt.
- Er sorgt, so 55 %, für die Einhaltung der Beschlüsse.
- Er gibt Ziele vor (52 %).
- Er hat bei den Entscheidungen das letzte Wort (48 %).
- Der Pfarrer kann Sitzungen gut moderieren (48 %).
- 42 % meinen, der Pfarrer könne mit konstruktiver Kritik gut umgehen. 39 % bescheinigen ihm auch eine große Konfliktlösungskompetenz.
- Nur wenige meinen, der Pfarrer sei zu vorsichtig, um Aufgaben zu delegieren (19 %).
- Noch weniger sind der Ansicht, für ihren Pfarrer seien Spiritualität und Management ein Gegensatz (12 %).

Die Rolle der Pfarrer wird also mehrheitlich aktiv und positiv gesehen. Allerdings gibt es in dieser Hinsicht unterschiedliche Gruppen:

- 34 % haben – so eine Analyse, die sich auf die soeben präsentierten Einzelaussagen stützt[58] – einen *sehr kompetenten* Pfarrer. Dessen Einstellung zum Pfarrgemeinderat ist ganz positiv. Er schätzt Eigeninitiativen, kann Sitzungen gut leiten, trägt zur Lösung von Konflikten bei. Er erfüllt praktisch alle Anforderungen an eine gute Führungskraft. Dabei können diese Pfarrer, so die Befragten, Spiritualität und Management gut verbinden. Sie leiten geistlich.

- Fast die Hälfte der Befragten (47 %) hält den Pfarrer hinsichtlich seiner Rolle dem Pfarrgemeinderat gegenüber für *durchschnittlich kompetent.*

- Nicht ganz jede/r fünfte Befragte hält den Pfarrer für *inkompetent.* Dieses Urteil betrifft vorwiegend klerikal-autoritäre Pfarrer ohne geeignete Ausbildung in Führen und Leiten (19 %).

Zusammengefasst stellt sich das Verhältnis der Pfarrgemeinderäte zu den Pfarrern folgendermaßen dar: Nur ein Drittel hält den Pfarrer für rundum kompetent. Für die Hälfte ist der Pfarrer durchschnittlich leitungsfähig. 19 % schätzen ihren Pfarrer als inkompetent ein. Das ist angesichts der Schlüsselrolle, die das Pfarrgemeinderatsstatut dem Pfarrer gibt, ein bedenkenswertes Ergebnis.

Aus der Sicht der Pfarrer

Wir sehen auf diese Thematik auch noch aus dem Blickwinkel von jenen Pfarrern, die sich an der Untersuchung beteiligt haben und für die es am Ende des Fragebogens einen eigenen Frageblock gegeben hat. Dazu als Grundinformation: Von diesen 229 Pfarrern arbeiten 53 % in einer Pfarre, 32 % sind für zwei verantwortlich, 15 % für drei und mehr. 3 % haben bei dieser Frage keine Antwort angekreuzt. 85 % der Pfarrer sind mindestens schon fünf Jahre in der Pfarre. Sie haben sich fast alle (96 %) gut auf die Situ-

---

58 Die Details zu dieser und allen anderen Typen-bildenden Clusteranalysen finden sich im Forschungsbericht: Zulehner/Müller/Sieberer, Der Reichtum der Kirche sind die Menschen, Ostfildern 2010.

ation in der Gemeinde eingestellt. Auch setzen sie in überwiegender Mehrheit großes Vertrauen in ihren Pfarrgemeinderat (86 %). 81 % empfinden ihre Zusammenarbeit mit diesem als gut.

Kritisch sieht ein kleiner Teil ihre eigene Ausbildung in Bezug auf die Arbeit mit dem Pfarrgemeinderat. Ein beachtliches Viertel stimmt dem Satz zu: *»Ich bin nicht darauf vorbereitet worden, mit Ehrenamtlichen, die Verantwortung übernehmen wollen, zusammen zu arbeiten.«* (23 %)

Die beteiligten Pfarrer unterscheiden sich in der Frage, ob sie (nach ihrer Ansicht) vom Pfarrgemeinderat unterstützt werden oder nicht: 12 % erleben sich als nicht unterstützt, die übrigen schon. 6 % fühlen sich von ihrem Pfarrgemeinderat »überfahren«.

Jene befragten Pfarrer, die sich vom Pfarrgemeinderat unterstützt fühlen, haben auch bei den übrigen Fragen andere Positionen bezogen als jene, die sich nicht getragen fühlen. Sie haben großes Vertrauen in den Pfarrgemeinderat. Das Gefühl, vom Pfarrgemeinderat überfahren zu werden, stellt sich selten ein. Es sind Pfarrer, die mehr als die anderen gerne leiten und denen es leicht fällt, auf Menschen zuzugehen. Sie geben an, dass es schwierig sei, als Pfarrer einen bestehenden Pfarrgemeinderat zu übernehmen. Bei dieser bunten Kombination von Einzelinformationen wird deutlich, dass das Verhältnis zwischen Pfarrgemeinderat und Pfarrer komplex ist.

... am besten durch Wahl

Dass die Mitglieder der Pfarrgemeinderäte gewählt werden, ist bei den Befragten weithin unbestritten. 78 % sind der Ansicht, *»die Wahl bietet eine gute Möglichkeit, verschiedenste Gruppen in der Pfarre in die aktive Gestaltung des Pfarrlebens mit einzubeziehen.«* Durch die Wahl werde auch verhindert, dass einzelne Gruppen zu starken Einfluss bekommen (72 %). Für 69 % ist also die Wahl die beste Möglichkeit, dieses Gremium zusammenzustellen.

Sekundärmotiv für das Wählenkönnen ist für 44 %, ein Gegenüber zum Pfarrer zu schaffen. Das muss keineswegs konfliktär gemeint sein, sondern kann durchaus im Sinne einer schöpferischen Spannung verstanden werden.

Es gibt freilich vereinzelt Überlegungen zu anderen Formen, um zu Kandidatinnen und Kandidaten zu kommen bzw. das Gremium überhaupt zu ersetzen:

- So halten es 14 % für möglich, dass eine ohnedies aktive Gruppe die Aufgaben des Pfarrgemeinderates übernimmt.
- Ähnlich viele (14 %) meinen, die Kirchgänger sollten einzelne Personen nominieren, die dann erst gar nicht gewählt werden müssten.
- 13 % hätte die Mitglieder gern durch die engagierten Gruppen delegiert.
- 5 % fürchten, dass die Wahl zu einer solchen Buntheit an Mitgliedern führe, dass die Arbeit dadurch erschwert sei.
- 39 % meinen, jede Pfarrgemeinde sollte selbst entscheiden, ob und wie sie wählen will.

Es gibt also unter den Befragten letztlich zwei unterschiedliche Auffassungen, die vereinfacht auf die Formel gebracht werden können: Wählen wie jetzt oder freier Wahlmodus. Für »wie bisher« stehen 58 %, 42 % können sich einen anderen Wahlmodus vorstellen.

Worum sich die Arbeit des Pfarrgemeinderates dreht

Als Christ trage ich Mitverantwortung an der Gemeinde. Wenn ich in der Kirche etwas verändern oder mitbestimmen möchte, habe ich hier die Gelegenheit dazu. Aufgrund der Verschiedenheit besteht aber auch eine gewisse Schwierigkeit, die einzelnen Interessen durchzusetzen. Im Pfarrgemeinderat vermisse ich geistige Nahrung! Es geht in erster Linie oder fast nur um finanzielle Fragen, Bauvorhaben und die Mitarbeit bei Pfarrfesten. Auch der strenge Sitzungsstil hindert ein wirkliches Gespräch, weil alles protokolliert wird. Ich würde mir wünschen, dass mehr Gemeinschaft entsteht und wenn es Probleme gibt nicht gleich mit einem Rücktritt gedroht wird. [Frau, *1967]

Es hat den Anschein, so die Studie, dass es bei der Arbeit der Pfarrgemeinderäte in erster Linie um »Binnenthemen« geht, vor allem um die Gestaltung des Kirchenjahres. Pfarrgemeinderäte befassen sich bei ihren Beratungen in Sitzungen vorrangig mit

Festen und Feiern, Pfarrfesten, pfarrlichen Veranstaltungen, kirchlichen Festen im Jahreskreis, Vorbereitung auf Erstkommunion und Firmung. Auch die Anzahl der Nennungen bei Baufragen und Finanzen ist hoch.

Selten zum Thema hingegen werden »Außenthemen«: das Verhältnis Kirche und Arbeitswelt etwa oder das Eine-Welt-Anliegen. Zu den kaum bespielten Themen gehören auch die Ökumene sowie Fragen der Ökologie und Zukunft der Schöpfung.

Hinsichtlich der Häufungen der Themen lassen sich vier Gruppen bilden: jene, die sich lediglich um Feste kümmern (19 %), solche die auch soziale Themen auf der Tagesordnung haben (22 %). 30 % befassen sich hauptsächlich mit dem Organisieren. 28 % haben ein breit gefächertes Programm und sind im Vergleich zu den anderen hochaktiv.

Jedenfalls lässt die Analyse der behandelten Themen die Frage stellen, ob sich die Pfarrgemeinderäte nicht doch zu sehr mit binnenkirchlichen Themen befassen, das Kirchenjahr gestalten, aber die Menschen und mit ihnen die Armgemachten aus den Augen verlieren. Wie kann eine gläubige Gemeinde aber in Gott eintauchen, ohne bei den Menschen und hier wieder den Armen aufzutauchen? Anders formuliert: Wie können Gottes- und Nächstenliebe zusammengehalten werden? Was muss getan werden, dass Fußwaschung und Abendmahl in eins gesehen werden und die Mitfeiernden entsprechend handeln?

Seelsorge

Eruiert hat die Studie, wer Seelsorge macht. Wichtige Positionen zu diesem Thema sind:

- Seelsorge ist die Hauptaufgabe des Pfarrers. Der Pfarrgemeinderat soll ihn daher von anderen Aufgaben (wie Organisatorischem) freihalten, damit er Seelsorger sein kann (71 % sehen das so). Das sei aber für immer mehr Pfarrer schwierig: Zu viele Aufgaben lasteten auf den Pfarrern (58 %); erschwert werde die Seelsorge besonders dann, wenn der Pfarrer nicht mehr am Ort wohnt (87 %).
- Das Bemühen von Pfarrgemeinderäten, den Pfarrer organisatorisch zu entlasten, kommt auch einem Großteil jener Pfarrer

entgegen, die sich an der Umfrage beteiligt haben. 49 % dieser Priester stimmten folgender Aussage zu: *»Aufgrund der vielen administrativen Tätigkeiten kann ich meine Aufgabe als Seelsorger nicht zufriedenstellend erfüllen.«* Noch mehr Priester sind der Auffassung: *»Wegen der Errichtung großer Seelsorgeräume können Priester immer weniger seelsorglich bei den Menschen zu sein«* (68 %). – Damit kommt ein Aspekt der gegenwärtigen pastoralen Situation in den Blick, der im Kapitel »Umstrukturierung« noch einmal aufgegriffen wird.

- Auch pfarrerkritische Töne tauchen auf. Der Pfarrer solle sich doch mehr um die Seelsorge kümmern (40 %). Ins Positive gewendet: 57 % meinen, dass Seelsorge zu den Stärken ihres Pfarrers zählt. Näherhin gelinge es dem eigenen Pfarrer, theologische Inhalte ins Alltagsleben der Menschen zu übersetzen (61 %).

Seelsorge ist nicht an die Weihe gebunden

Weitere Fragen sollten klären, welchen Zusammenhang die Befragten zwischen Seelsorge und Weihe sehen. Die Tendenz ist eindeutig – und dies nicht nur aus Not, sondern aus grundsätzlichen Überlegungen: Seelsorge ist eine Aufgabe für Laien. Freilich, so die Befragten, vor allem für hauptamtliche Laien.

- Jene, die Seelsorge als allein priesterliche Aufgabe ansehen, sind in der Minderheit.
- Auch würden die Fakten dagegen sprechen: 21 % sagen mit voller Zustimmung, dass Seelsorge »in unserer Pfarre« auch oft von Laien geleistet wird. Weitere 78 % kreuzten »trifft zu« an.
- Im Gegenzug meinen lediglich 21 %, es sei nicht gut, wenn Laien dem Priester seine ursprünglichen Aufgaben abnehmen würden. Offensichtlich sind die Befragten der Ansicht, dass es wichtiger ist, dass die Aufgaben erfüllt werden, als dass sie entfallen, weil es zu wenige Geweihte/Priester gebe.
- Dem entspricht die verbreitete Ansicht, dass eine gute Seelsorgerin, ein guter Seelsorger nicht unbedingt geweiht sein müsse (71 %). Vor die Wahl gestellt, jemand Geweihten zu bekommen oder jemanden, der/die es kann, entscheidet sich die überwiegende Mehrheit für das Können.

- 65 % schließlich sind der Ansicht, dass jene Bereiche, um die sich der Pfarrer nicht so intensiv kümmern kann, durch haupt- oder ehrenamtliche Laien abgedeckt werden sollten. Die Laien also doch (nur) als zusätzliche Hilfskräfte für überforderte Priester, also »Mitarbeitende der Pfarrer«? Aber sind Laien – was theologisch richtig wäre – nicht »Mitarbeitende Gottes« in der Kirche(ngemeinde)?

Alle diese einzelnen Fragen lassen drei verschiedene Positionen erkennen:

- Ein erster Typ sieht Seelsorge als reine *Priestersache*. Es ist mit 53 % die stärkste Gruppe.
- Der zweite Typ (21 %) anerkennt gleichfalls eine besondere Zuordnung der Seelsorge zu den Priestern, ist aber hinsichtlich der Durchführung des Seelsorgeauftrags durch die Priester eher kritisch. Diese Position wird *pfarrerkritisch* genannt. In Summe meinen also in etwa zwei Drittel der Befragten, dass Seelsorge Sache der Priester sei.
- Für den dritten Typ ist Seelsorge selbstverständlich *auch die Aufgabe aller Getauften*. Diese Position wird von einem Drittel (27 %) vertreten.

Diese Daten regen zu weiterführendem Fragen an. Wird künftig Seelsorge auf vielen Schultern ruhen, also nicht allein auf den Schultern der Priester und/oder von hauptamtlichen Laien? Was ist, wenn die weniger werdenden Priester einen tiefgreifenden Rollenwandel durchmachen, sobald sie für einen pastoralen Großraum zuständig gemacht werden? Sie sind dann, bildlich gesprochen, nicht mehr Automechaniker, sondern Werkstattleiter. Wer aber nimmt sich dann der Seelsorge an der Seite der Menschen an?

Beeinträchtigungen bei der Arbeit

An der Spitze der Beeinträchtigungen steht der Zeitmangel (58 %). 23 % nennen zudem einen »ineffektiven Sitzungsstil«. 14 % sind durch die Art der Leitung irritiert.

21 % stört, dass vieles im Hintergrund entschieden wird. Ähnlich bemängelt wird »Grüppchenbildung: einige wenige haben

das Sagen« (16 %). Damit verwandt scheint das Argument der »Machtspiele« zu sein (19 %).

11 % sehen die Aufgaben für den Pfarrgemeinderat nicht klar genug. Am Ende der Liste der Beeinträchtigungen rangieren fehlende Anerkennung (9 %), mangelndes Vertrauen (8 %), finanzielle Probleme (8 %) und begrenzte räumliche Ressourcen (8 %).

Eine Clusteranalyse verdeutlicht, dass die Beeinträchtigungen zwei Hauptursachen haben:

- Bei der großen Mehrheit von drei Vierteln (74 %) ist es pure Zeitnot. Die anderen vorgelegten Gründe spielen bei dieser Gruppe so gut wie keine Rolle.
- Die andere Gruppe ist zwar auch, wenngleich etwas weniger, in zeitlicher Bedrängnis. Hier dominieren »Machenschaften«: das Entscheiden im Hintergrund, Machtverhältnisse, Grüppchenbildung, die Art der Leitung, ein uneffektiver Sitzungsstil.

Zusammengefasst lässt sich sagen, dass der Wunsch nach einem *Engagement, das auch Früchte trägt,* sehr groß ist. So wichtig religiöse Motive sind: Menschen sind eher bereit, Zeit und Kraft in eine ehrenamtliche Tätigkeit zu investieren, wenn dabei auch etwas herausschaut. Das hat nicht nur mit einem professionellen Arbeitsstil zu tun, sondern auch damit, dass in einem Pfarrgemeinderat auch wirklich gestaltet werden kann – und dies in moderner Kultur durchaus auf dem Weg von »Entscheidungen«. *Entscheidend gestalten ist also ein Grundanliegen einer überwältigenden Mehrheit.* Noch einmal zugespitzt: Die Befragten sind spirituell hoch motiviert mitzuarbeiten, aber nicht um jeden Preis.

Was das für das künftige Selbstverständnis von Pfarrgemeinderäten bedeutet, soll an dieser Stelle offen bleiben. Aber die Frage wird sich stellen, ob Pfarrgemeinderäte eben »nur« beraten sollen und können (wobei offen ist, welches Gewicht solch ein Rat hat[59]) oder ob er sich nicht doch zu einem Leitungsgremium wandeln soll. Dann wäre die Rolle der Amtsträger/der Pfarrer auch neu zu bestimmen.

---

59 Das kirchliche Ordensrecht sieht vor, dass ein Oberer, wenn ihm ein einmütiger Rat gegeben worden ist, schwerstwiegende Gründe braucht, um sich an diesen Rat nicht zu halten (CIC can 127). Mehr dazu im zweiten Teil.

Begabungen und Stärken

Welche Einstellungen, Grundhaltungen und Eigenschaften soll nach Auskunft der Befragten eine Pfarrgemeinderätin, ein Pfarrgemeinderat haben? Dazu wurde eine lange Liste möglicher Merkmale vorgelegt. Die Nennungen sind insgesamt hoch; wenn man 1 = »unbedingt notwendig« und 2 = »notwendig« zusammennimmt, liegen zwei Drittel der vorgelegten Eigenschaften und Haltungen bei einem Wert von über 80 %.

Erwünschte Eigenschaften und Haltungen

Nur wenige Eigenschaften bzw. Haltungen haben nachgereihte Bedeutung:

- Am Ende der Liste findet sich »Treue zur Tradition« (25 %[60]).
- Dann folgen eng zusammenliegend praktische Begabung (37 %), Verhandlungsgeschick (39 %) und Bescheidenheit (38 %).
- Organisationstalent rangiert (was überrascht) mit 47 % noch unter der 50 %-Marke.
- Einen Wert zwischen 50 und 80 % erreichen Vermittlungsfähigkeit (61 %), Kreativität (55 %), Frustrationstoleranz (60 %) sowie Flexibilität (70 %).

Alle übrigen Eigenschaften bzw. Haltungen werden durchgehend als notwendig angesehen. Nimmt man (wegen der überproportionalen Zustimmung zu allen Eigenschaften/Haltungen) als Kriterium lediglich die Zustimmungsmöglichkeit 1= »unbedingt notwendig«, dann lassen sich nach Zustimmungsniveau einige herausragende Gruppen abgrenzen:

- Den Spitzenplatz nimmt mit 56 % »Interesse für die Kirche« ein; es folgen Zuhören können, Teamfähigkeit (51 %), Kommunikationsfähigkeit (50 %) und Interesse für den Menschen (50 %).
- In einem zweiten Paket bündeln sich Toleranz (49 %), Gemeinschaftsfähigkeit (44 %), die Bereitschaft, den Glauben zu bezeugen (43 %), Kontaktfreudigkeit (42 %), Offenheit gegenüber Neuem (41 %) – diese Haltung steht im Kontrast zu der am Ende positionierten »Treue zur Tradition«.

---

60 Diese Werte errechnen sich aus den Antwortmöglichkeiten »sehr notwendig« und »notwendig« auf einer fünfteiligen Skala.

- In der dritten Gruppe finden wir Konfliktfähigkeit (36 %), Kritikfähigkeit (35 %), positive Einstellung zum Pfarrer (35 %) sowie »öffentlich seine Meinung vertreten können« (32 %). Insgesamt werden von den befragten Pfarrgemeinderatsmitgliedern Eigenschaften und Haltungen geschätzt, welche für moderne Gremienarbeit erforderlich sind.
- Da ist natürlich das Interesse für die Organisation, unter deren Dach das Gremium tätig ist, also das Interesse für die Kirche. Hierher gehört, weil das Evangelium Gottnähe und Menschennähe in einem ist, auch das Interesse für den Menschen. Die beiden Haltungen »den Glauben bezeugen« sowie eine »positive Einstellung zum Pfarrer« sind hier zuzuordnen.
- Alle sehr religiösen und kirchengebundenen Mitglieder sind sich einig, dass es ohne Interesse an der Kirche und an den Menschen nicht möglich ist, in einem Pfarrgemeinderat zu arbeiten. Unterschiede gibt es in der Einschätzung der Glaubensbezeugung sowie des Verhältnisses zum Pfarrer. Beide Haltungen werden von den Skeptikern für etwas weniger notwendig erachtet als die anderen.

Vorhandene Stärken

Die befragten Mitglieder österreichischer Pfarrgemeinderäte haben unterschiedliche Stärken. Sie kommen in ihren Kommentaren darauf zu sprechen, dass sie über nachfolgende Kompetenzen verfügen und diese auch einbringen wollen:
- Praktische Teamarbeit führt mit 68 % die Liste an. Der Kontakt mit vielen Menschen ist 54 % wichtig. Pfarrgemeinderäte sind Menschen, die gern öffentlich ihre Meinung vertreten (51 %) und das Ohr am Volk haben (41 %).
- Annähernd die Hälfte übernimmt gern eine leitende Funktion (42 %). Allerdings ist nur für 36 % Visions- und Projektarbeit eine erforderliche Stärke.
- Vier-Augen-Gespräche (26 %) und Vernetzung von Gruppen (23 %) stehen am Ende der Stärkenliste.

Diese Stärken treten in unterschiedlichen Kombinationen auf. Drei werden exemplarisch vorgestellt:

- Da sind zunächst jene, die gern praktisch im Team arbeiten. Sie stellen mit 47 % die größte Gruppe unter den Befragten. Man könnte sie als *Mitarbeiterinnen und Mitarbeiter* bezeichnen, weil sie eine leitende Funktion für sich ablehnen.
- Eine zweite Gruppe sind mit 22 % diejenigen, die zwar leitungsbereit sind, ihre Stärke aber im Team und in der Arbeit an Visionen und Projekten sehen. Aus diesem Grund werden sie *Projektmitarbeiter und -mitarbeiterinnen* genannt.
- Schließlich gibt es unter den Befragten Personen mit starkem *Leitungstalent*: Sie wollen leiten, sind hochkommunikativ, arbeiten auch gern im Team, und entwickeln Visionen und Projekte. Wenn jemand vernetzt und unter vier Augen spricht, dann sind sie es. Sie machen mit 31 % ein knappes Drittel der Befragten aus.

Wertschätzung und Anerkennung

Formen der Anerkennung

Etwas bewegen und sich wohlfühlen sind bereits erste indirekte Formen des anerkennenden Ernstnehmens von Pfarrgemeinderäten, wie folgende Aussage zeigt:

+ *etwas bewegen + Zusammenarbeit im Gremium + für andere Leute da sein + Leitungsaufgaben + notwendig, um Pfarrleben aufrechtzuerhalten. Erwartungen: Mehr Anerkennung vom Pfarrer, von der Bevölkerung, von der politischen Gemeinde und von der Diözese. [Mann, *1971]*

Viele empfinden es gleichsam als sachliche Belohnung ohne Worte, wenn ihnen die Möglichkeit eingeräumt wird, etwas bewegen zu können und Gemeinschaft zu erleben. Dafür sind die Menschen auch bereit, ihre ohnedies knappe Lebenszeit zu binden.

Zu all dem braucht es aber eine direkte alltägliche Anerkennungskultur. Hier zählt der Mensch, nicht nur die erwartete Leistung. Wertschätzung des Menschen »vor jeder Leistung und trotz aller Schuld«, also trotz Fehler und Rückschläge, ist wichtig.

Eine solche Kultur der Wertschätzung und Anerkennung wird also auch dann durchgehalten, wenn sich Misserfolg einstellt, die erhoffte Leistung nicht vollbracht oder die Gemeinschaft durch Konflikte belastet wird. Bei einem großen Teil der Pfarrgemeinderäte besteht diese Kultur der Achtung und der Wertschätzung. Positiv wird von 64 % vermerkt, dass mit Rückschlägen wertschätzend umgegangen wird.

Menschen sind auch, gerade wenn sie eine öffentliche Aufgabe wahrnehmen, auf Rückmeldungen angewiesen. Das kann im Fall von Pfarrgemeinderäten vom Pfarrer, ja auch vom Bischof kommen; nützlich ist Feedback innerhalb des Gremiums. Von nicht zu unterschätzender Bedeutung ist die Rückmeldung von jenen Menschen, die einen Pfarrgemeinderat gewählt haben.

55 % sagen, die Pfarrgemeinde gebe ein gutes Feedback. Dieser Wert wirkt gedämpft: Kann es sein, dass Feedbackgeben in der Kirche nicht üblich ist (jede erhält doch ihren Applaus, jeder seine Belobigung von Gott; gutes Feedback gilt daher manchen als Pflege von Eitelkeiten)?

Jedenfalls ist das Anliegen, Anerkennung für die geleistete freiwillige Arbeit zu erhalten, groß. Eine junge Frau schreibt dazu:

In unserem Pfarrgemeinderat arbeiten engagierte Menschen, mit denen ich viele Ansichten teile und mit denen ich gut arbeiten kann. Es sind dies Menschen, die ich sehr wertschätze und die viel bewegen können. Es freut mich, da mitzuwirken und auch meine Stärken einbringen zu können. – Ich bin im Pfarrgemeinderat, um die Anliegen der Kinder und Jugendlichen zu vertreten und für sie Ideen durchzusetzen. Es bereitet mir Freude, in dieser Gemeinschaft dabei zu sein und gemeinsam etwas zu bewegen. Auch die Vernetzung der einzelnen Arbeitskreise funktioniert recht gut und deshalb können wir einiges erreichen und verändern. – Ich erwarte mir Anerkennung, Vertrauen und Gemeinschaft und bin sehr zufrieden. [Frau, *1989]

Anerkennung durch Diözese und Pfarre

Die Studie lässt auch erkennen, von wem die Befragten (mehr) Beachtung erwarten. Der Blick fällt auf die Diözese und ihre Leitung. Der Forschungsbericht hält fest:

44 % fühlen sich von diözesanen Stellen zu wenig informiert. Das ist ein erstaunlich hoher Wert, wenn man den intensiven

Einsatz der diözesanen Dienststellen berücksichtigt. Neben Informationen werden Anerkennung und Wertschätzung erwartet. 66 % fühlen sich von den diözesanen Stellen ernst genommen, wenn sie mit solchen zu tun haben. Der Bischof möge die Pfarrer ermutigen, die Bedeutung der Pfarrgemeinderäte (mehr) zu schätzen. Das wünschen sich 32 % der Befragten.

Hinsichtlich der konkreten Themen, bei denen Unterstützung erwartet wird, steht der Wunsch nach Hilfe beim Start in eine neue Wahlperiode ganz oben auf der Liste; 46 % haben dies so angemerkt. Es folgen Wünsche nach mehr finanzieller Unterstützung (32 %) sowie mehr Unterstützung bei der Öffentlichkeitsarbeit (28 %).

Eine 50-jährige Frau schrieb auf die Frage, was sie motiviert, im Pfarrgemeinderat mitzuarbeiten:

... die gute Gemeinschaft in unserer Pfarre, Anerkennung durch die hauptamtlichen Seelsorger, schöne Erlebnisse bei meiner Arbeit mit Kindern und Jugendlichen, Dankbarkeit, Gemeinschaft im Glauben. Ich erwarte mir, weiterhin diese Tätigkeit ausüben zu können, habe aber Angst vor der Pensionierung des Pfarrers und dass dann unsere Pfarre aufgelöst werden könnte. Mehr Anerkennung von Seiten der Diözese wäre wünschenswert.

Feedback, gerade aus der Pfarre, erhöht eindeutig die Zufriedenheit. »Wir erhalten von der Pfarrgemeinde gutes Feedback«, dieser Aussage können 77 % der sehr Zufriedenen, aber nur 2 % der sehr Unzufriedenen zustimmen. 54 % der Befragten bekommen ein gutes Feedback aus der Gemeinde.

Professionelle Arbeitskultur

In der gesellschaftlichen Diskussion wird heute angeregt über den freilich etwas unklaren Begriff des »neuen Ehrenamts« diskutiert:

»Neue Ehrenamtliche wählen die Aufgaben, die sie überneh-men wollen, selbst aus und legen auch Zeit und Umfang ihres En-gagements fest. Sie wollen ihre Kenntnisse und Erfahrungen ein-bringen und nicht nur Vollzugspersonen sein, die Beschlüsse von oben umsetzen. Nicht mehr die feste Bindung an einen Verband und die Konzentration auf einen Träger ist ausschlaggebend, die Träger werden vielmehr flexibel ausgewählt, je nach Möglichkeit der Verwirklichung der eigenen Interessen. In der Regel ist da-mit auch die Erwartung verbunden, im Engagement eigene Ver-antwortung und eigene Entscheidungsmöglichkeiten zu haben. ›Indem weitaus mehr Menschen als früher Subjekte ihrer eigenen Engagementbereitschaft sein wollen, pochen sie mit weitaus größe-rem Nachdruck auf Freiwilligkeit, Flexibilität hinsichtlich Zeit, Ort und Tätigkeit sowie auf individuelle Sinnhaftigkeit. Die einstigen Mithelfer fordern heute Mitgestaltungsmöglichkeiten.‹« [61]

Viele dieser Anliegen tauchen auch in der Pfarrgemeinde-ratsstudie auf. Auf eine Formel gebracht: Die Pfarrgemeinderäte wollen engagiert mitarbeiten, aber nicht um jeden Preis. Neben der klaren Zielsetzung (Vision) müssen auch die Arbeitsbedin-gungen stimmen. Die Mitglieder von Pfarrgemeinderäten wollen auf dem Weg zum Ziel entscheidend gestalten und nicht »nur be-langlos beraten«. Verlangt wird also eine »professionelle Arbeits-kultur«: 45 % der Befragten sagen, dass es eine solche in ihrem Pfarrgemeinderat gibt. Für eine starke Hälfte gibt es in dieser Hinsicht offenkundig einen Entwicklungsauftrag.

---

61   Schell, Ursula: Frauen in ehrenamtlichen Leitungsfunktionen, theologische Dissertation, Manuskript, Wien 2009, 97. – Zum Thema Ehrenamt empfiehlt sich: Bundesministerium für Familien, Senioren, Frauen und Jugend (Hg.): Freiwilliges Ehrenamt in Deutschland. – Freiwilligensurvey 1999–2004, München 2005; Evangelische Kirche Deutschlands: Ehrenamt. Evangelisch. Engagiert, Hannover 2009.

Zufriedenheiten

Die Studie zeigt einen engen Zusammenhang zwischen Zufriedenheit, professioneller Arbeitskultur, erfolgreichem Arbeiten und dem Gewinnen neuer Mitarbeiterinnen und Mitarbeiter.

Arbeitet man in einem Pfarrgemeinderat professionell, dann sind 82 % sehr zufrieden. Fehlt eine solche Arbeitskultur, sinkt der Anteil der sehr Zufriedenen drastisch auf 9 %.

Gemessen wurde die Zufriedenheit auf verschiedenen Ebenen. *Sehr zufrieden* sind ...

- 31 % mit der Gemeinschaft im Pfarrgemeinderat
- 30 % damit, wie der Pfarrer seine Rolle im Pfarrgemeinderat wahrnimmt
- 28 % mit der Zusammenarbeit im Pfarrgemeinderat
- 23 % mit dem Pfarrgemeinderat insgesamt und
- 15 % mit der eigenen Arbeit im Pfarrgemeinderat.[62]

Aus diesen Facetten der Zufriedenheit wurde eine durchschnittliche Benotung der Pfarrgemeinderäte und ihrer Arbeit erstellt. Demnach erweisen sich von den Befragten 39 % als sehr zufrieden (Durchschnittsnote 1), 49 % als zufrieden (Durchschnittsnote 2) sowie 12 % als mehr oder minder unzufrieden (Durchschnittsnoten 3–5).

Statistische Analysen ermöglichen nun herauszuschälen, welche Aspekte der Arbeit in einem Pfarrgemeinderat die Zufriedenheit stärken und welche sie schwächen. Der knappe Überblick zeigt:

- Ein erstes Element, das die Zufriedenen positiv beeinflusst, ist die Grundstimmung von Freude und Begeisterung, die im Pfarrgemeinderat herrscht. Die Gegenindikation dazu ist das Kirchenjammern. Solche Freude und Begeisterung findet sich in 63 % der untersuchten Pfarrgemeinderäte. Der Anteil der sehr Zufriedenen liegt unter denen, die große Freude und Begeisterung erleben, bei 80 %. Fehlen Freude und Begeisterung, sinkt der Anteil der sehr Zufriedenen auf 2 %.

---

62 Zu den sehr Zufriedenen (Skalenwert 1) kommen bei den einzelnen Fragen noch Zufriedene: Gemeinschaft 44 %, Pfarrer 38 %, Zusammenarbeit 46 %, Pfarrgemeinderat insgesamt 51 %, eigene Arbeit 54 %.

- Wichtig ist bei 78 % die Zustimmung zu der Aussage, dass Begabungen geschätzt werden und die Leute sich entsprechend einbringen können.
- Auswirkungen auf die Zufriedenheit hat sodann der wahrgenommene Leitungsstil. Wenn die Leitung dafür sorgt, dass alle Raum bekommen, Mitbestimmung möglich ist und der Pfarrer die Gruppe eigenständig arbeiten lässt, liegt die Zufriedenheit bei 65 bzw. 63 %.
- Dass die Zufriedenheit steigt, wenn neue Akzente gesetzt werden, das bestätigen 75 % der Befragten.
- Ein weiteres Moment, das Zufriedenheit erzeugt, ist ein offener Umgang mit Konflikten. 59 % sehen das so.
- Schließlich wird durch das Hineinwachsen in den Glauben dank der Mitarbeit im Pfarrgemeinderat für 67 % der Befragten die Zufriedenheit gemehrt.

Von der Zufriedenheit hängen sowohl der Arbeitserfolg wie auch die Wahrscheinlichkeit ab, neue Kandidaten und Kandidatinnen zu finden. Wer also um der Zufriedenheit willen die Arbeitskultur im Pfarrgemeinderat verbessern will, wird auf folgende zwei Aspekte achten und deren Entwicklung fördern:

- Einerseits geht es um die Erfahrung, dass man entscheidend gestalten kann. Grundlage dafür ist ein förderlicher Leitungsstil. Deshalb kann als eine der Hauptstärken von Leitungspersonen angesehen werden, den Mitgliedern Raum und Unterstützung zu geben um die eigenen Fähigkeiten (Charismen) entfalten zu können.
- Andererseits wollen die engagierten Mitglieder zusammenarbeiten und suchen Beheimatung und Gemeinschaft. Zur Erfahrung einer einmütigen Pfarrgemeinderatsgemeinschaft gehört es nicht, keine Konflikte zu haben, sondern diese kooperativ zu bearbeiten. In diesen Bereich fällt auch der Wunsch nach Anerkennung und Wertschätzung.

Ein Pfarrgemeinderat, der diese zwei Aspekte nach bestem Wissen und Gewissen kultiviert, kann sich »spirituell« nennen. Denn Spiritualität ist nicht die oft unerreichbare Oase in der Wüste, sondern das ausdauernde Gehen dorthin.

Entscheidend gestalten

Das pfarrliche Leben mitgestalten, Impulse geben, gemeinsam im Glauben unterwegs sein, die Herausforderungen der Zeit aus dem Glauben sehen und deuten, die Botschaft Jesu erfahrbar machen und ihr ein Gesicht geben. Ich erwarte mir von der Mitarbeit, dass sich der Pfarrgemeinderat zu einem lebendigen, verantwortungsvollen Leitungsgremium mit Gespür für die Anliegen der Menschen vor Ort und Offenheit für Veränderungen entwickelt. Eine konstruktive Arbeitsweise soll diesen Prozess begleiten. [Frau, *1959]

Kaum ein Wortfeld ist in den Texten der Pfarrgemeinderäte so stark besetzt wie das »Gestalten«. Schlüsselwörter dafür sind mitwirken, entscheiden, bewegen, verändern, entwickeln. Die vielen Texte zu den offenen Fragen lassen klar erkennen, welche Wünsche die Befragten an den Arbeitsstil haben.

Die Mitglieder des Pfarrgemeinderates wünschen einen Leitungsstil, der »entscheidendes Gestalten« sichert und fördert. Sie erwarten Zuständigkeiten und klare Kompetenzen. Sie wollen deshalb nicht nur unverbindlich gefragt werden, ohne die verlässliche Gewissheit zu haben, dass der gewissenhaft gegebene Rat auch in der pfarrlichen Entwicklung Früchte trägt.

Ohne wirkliche Gestaltungsmacht verlieren die Mitglieder das Interesse an ihrer Arbeit, ziehen sich resigniert zurück, sind demotiviert, lassen sich nicht wieder wählen, und stehen nicht zuletzt als negative Imageträger der Suche nach neuen Kandidatinnen und Kandidaten im Weg.

Ein Moment am Willen zur Gestaltung ist der starke Wunsch, die eigenen Fähigkeiten entfalten und bei der Entwicklung eines lebendigen Pfarrlebens einbringen zu können. Unter Fähigkeiten verstehen die Befragten die gottgeschenkten Charismen, die sie bereitwillig so ausspielen, dass sie der Pfarre nützen (vgl. 1 Kor 12,7).

Für die Ausrichtung des Engagements der vielfältigen Begabungen braucht es nicht nur eine gemeinsame Vision, sondern auch die Bescheidenheit, das konkrete Programm stärker an den vorhandenen Begabungen auszurichten. Dies verbindet sich mit der Einsicht, dass dann in Ermangelung tüchtiger Personen in der Pfarre einiges nicht geschieht, was (theoretisch) wünschenswert wäre.

Zusammenhalt und Zusammenarbeit

»Ich möchte gerne verändern und mitarbeiten«, schreibt eine 50-jährige Frau. Damit drückt sie den Wunsch vieler Befragter in den Pfarrgemeinderäten aus. Es geht diesen um das »Mit« im Sinn von Miteinander. Noch einmal diese Pfarrgemeinderätin: Sie sucht *»gute Gemeinschaft und Teamarbeit – zufriedene Kirchengemeinschaft«.*

Die Kirche versteht sich als Gemeinschaft, in der aufgrund der Wiedergeburt in Jesus Christus bei allen Unterschieden in den Begabungen und Berufungen eine wahrhafte Gleichheit an Würde und Berufung herrscht.[63] Das Zweite Vatikanische Konzil erkennt in der Kirche ein Zeichen und Werkzeug der Einung der Menschen mit Gott und dadurch der Menschen untereinander.[64]

Dieses Miteinander drückt sich sowohl im gemeinsamen Leben wie im gemeinsamen Arbeiten aus. Die Pastoral soll »kooperativ« sein, sie lebt von Zusammenhalt und Zusammenarbeit. Das schließt nicht aus, dass es pastorale Solisten gibt: Aber diese bilden eher eine Sonderbegabung in der Gemeinschaft der Kirche. Sie sind den Propheten im Alten Testament verwandt. Für den Kirchenalltag unabdingbar notwendig ist aber das Miteinander, die Kooperation. Ein 1940 geborener Pfarrgemeinderat antwortet auf die Frage, was ihn motiviere, im Pfarrgemeinderat mitzumachen: *»Mit den Leuten der Pfarre näher bekannt zu werden – Pfarre als Gemeinschaft erleben – Freundschaften stärken.«*

Ist eine pfarrliche Gemeinschaft lebendig, dann zeigt sich dort ein wahrnehmbares Maß an Vielfalt. Diese wird gezielt dadurch gefördert, dass bei der Wahl in die Pfarrgemeinderäte darauf geachtet wird, dass etwa Frauen und Männer (47 %), jüngere und ältere Menschen (75 %), aber auch Leute aus den verschiedenen sozialen Schichten (44 %) wie Ortsteilen (60 %) ausgewogen vertreten sind.

Kann ein Pfarrgemeinderat eine Gruppe sein, in der Vielfalt geschätzt wird und belebt? Werden aus diesem Grund auch Men-

---

63   So in der Konstitution über die Kirche »Lumen Gentium« Nr.32. – Das geltende Kirchenrecht hat diese Passage in die Grundrechte im Gottesvolk übernommen: can 208 CIC.

64   »Lumen Gentium« Nr. 1.

schen in den Pfarrgemeinderat berufen, die keine Chance haben würden, gewählt zu werden, weil sie »anders« sind und »anders« denken? Für den Pfarrgemeinderat würden »Andere« aber eine enorme Bereicherung darstellen.

Eintreten könnte am Ende das, was der Brief an die Galater (3,28) als Vision formuliert: dass es nicht mehr (ausgrenzende Unterschiede zwischen) Juden und Griechen, Sklaven und Freien, Männern und Frauen gibt, denn alle sind sie »eins« geworden im auferstandenen Christus, dessen Leib sie bilden.

Dieses Zusammenwachsen und damit das »Beheimaten« kann in einem Pfarrgemeinderat durch Arbeitsgruppen und Klausuren gefördert werden.

Arbeitskreise

Lediglich 14 % der Befragten gaben an, es gebe in ihrem Pfarrgemeinderat keine Arbeitskreise. Bei einem Drittel (34 %) erfolgt die »eigentliche Arbeit des Pfarrgemeinderats« in den Arbeitskreisen. Dort werden jene Entscheidungen vorbereitet, die der Pfarrgemeinderat sodann plenar trifft (51 %).

64 % der Antwortenden sagten, dass die Arbeitskreise eigenständig arbeiten. 50 % der Arbeitskreise trifft sich regelmäßig auch außerhalb der Pfarrgemeinderatssitzungen. Das erfordert zusätzliche Zeit, ist aber zugleich ein Hinweis auf die Wichtigkeit der Arbeitskreise und ihrer Themen.

Klausuren

Ein zweites Instrument des Zusammenwachsens sind Klausuren: 74 % der Befragten gaben an, dass sie eine gemeinsame Klausur hatten. Nur wenige Pfarrer (12 %) sind nach Aussage der an der Umfrage Beteiligten der Ansicht, der Pfarrgemeinderat brauche solche Zusammenkünfte nicht. Klausuren sind zumeist mit Wegfahren verbunden und haben mehrere Bedeutungen:

- Sie dienen der Entwicklung der Arbeit des Pfarrgemeinderates: 74 % nutzen die Klausur zur Planung und Reflexion ihrer Arbeit; 42 % überprüfen ständig, ob die Entscheidungen auch eingehalten werden.

- Klausuren sind eine gute Möglichkeit zur fachlichen Unterstützung von außen – inhaltlich oder moderierend: 66 % hatten solche Außenhilfe in Anspruch genommen.
- Klausuren wirken gemeinschaftsbildend.
- Klausuren sind Ereignisse dichter Spiritualität: 68 % der Befragten haben sich auf einer Klausur mit Glaubensfragen beschäftigt.

Alle diese vier Aspekte ergänzen und stärken einander. So sagen 66 %: *»Wir achten darauf, dass die Gemeinschaft nicht zu kurz kommt (z. B. zusammensitzen vor/nach der Sitzung, Ausflüge).« Beim gemütlichen Zusammensitzen,* so 68 %, *kommen einem die besten Ideen.*

Natürlich sind Klausuren kein Wunderinstrument. Die Befragten sehen selbst, dass das »Back-home« eine eigene Kunst ist; 44 % geben zu: *»Es fällt manchmal schwer, die Erkenntnisse aus der Klausur in den Arbeitsalltag zu integrieren.«*

Gemeinsamkeit wird auch durch gemeinsame Fortbildung gefestigt. In der Studie waren dazu Fragen gestellt worden.

Viele Pfarrgemeinderäte schätzen eine gemeinsame Fortbildung des gesamten Pfarrgemeinderates. Dazu gehen alle Mitglieder entweder gemeinsam in ein Bildungszentrum. Bewährt hat sich auch, sich zu gut vorbereiteten Themen eine Expertin, einen Experten ins Gremium vor Ort einzuladen. Jedenfalls steht gemeinsame Weiterbildung höher im Kurs als solistische.

Informationsfluss

Eng mit dem Gemeinschaftsgefühl hängt die Art der Kommunikation und Information zusammen. Gute Gremien befleißigen sich deshalb einer kultivierten Informationspolitik. Im Allgemeinen fühlen sich 67 % der Befragten über alle Belange der Pfarre gut informiert. Auch die Information zwischen dem Pfarrgemeinderat und seinen Arbeitskreisen oder Fachausschüssen funktioniert gut, so 66 %.

Information ist jedoch nicht nur eine Bringschuld der Verantwortlichen in den Leitungspositionen (des Pfarrgemeinderates, der Arbeitskreise), sondern stellt auch eine Holschuld dar. 56 % sehen das positiv: *»Man kann sich darauf verlassen, dass alle*

Pfarrgemeinderatsmitglieder die Informationen, die ihnen zur Verfügung gestellt werden, regelmäßig lesen.«

Konflikte und ihre Bearbeitung

Eine Nagelprobe für die Qualität des Gemeinschaftsgefühls eines Pfarrgemeinderats bildet der Umgang mit Konflikten. Grundsätzlich gilt: Wo Lebendigkeit ist, gibt es Konflikte. Ideen, Interessen, Vorstellungen prallen aufeinander – was dem lateinischen »confligere« entspricht. Auch in Pfarrgemeinderäten gehören Konflikte zum Alltag. Die Frage ist allein, wie mit ihnen umgegangen wird.

Zunächst einmal lassen die Umfragedaten erkennen, um welche Konflikte es sich handelt.

- In einer ersten kleinen Gruppe von 16 % steht *Zwischenmenschliches* im Mittelpunkt. Hier zeigten sich in der letzten Amtsperiode für die Befragten die höchste Zahl an Konflikten (3,66).

- Konflikte zu *Fragen der Organisation* (25 %) überwiegen in einer zweiten Gruppe; etwas weniger geht es auch um liturgische Themen. Mit 2,85 Konflikten ist auch diese Gruppe überdurchschnittlich hoch betroffen.

- 58 % hat *keine herausragenden Konfliktthemen*; bei dieser dritten Gruppe geht es am ehesten um »vielerlei« Sachthemen, sie ist überdies mit 0,86 im Schnitt relativ konfliktarm.

Wir wissen nicht, ob sich die Pfarrgemeinderäte für die Bearbeitung der anfallenden Konflikte genug Zeit nehmen. Aber *sich für Konflikte Zeit zu nehmen* halten die Befragten mit hoher Mehrheit (88 %) für wichtig. Das erscheint auch deshalb angemessen, weil immerhin ein Drittel (33 %) meint, dass Konflikte um des lieben Friedens willen nicht angegangen und unter den spirituellen Kirchenteppich gekehrt werden; im Gegenzug dazu sagen »lediglich« 51 %, dass Konflikte offen angegangen werden.

Das Austragen der Konflikte wird als eher unterkühlt und wenig emotional beschrieben; 18 % sprechen von einer emotionalen Aufladung. Mangelndes Vertrauen des Pfarrers ist nur bei 13 % der Auslöser von Konflikten.

In einzelnen Fällen scheinen aber Konflikte so unlösbar zu sein, dass Leute den Pfarrgemeinderat verlassen. 16 % haben solches angegeben.

Diese vielen Aussagen kombinieren sich unterschiedlich. Die Analyse dieser Kombinationen wird zur Abgrenzung von drei Konflikttypen herangezogen. Allen drei Typen ist gemeinsam, dass man sich für die Konflikte und deren Bearbeitung genügend Zeit nehmen sollte. Die Unterschiede zwischen den Gruppen zeigen sich folgendermaßen:

- Ein erster Typ ist eher *konfliktvermeidend*. Bei dieser Gruppe ragt die Haltung heraus, man sollte um des lieben Friedens willen die Konflikte nicht ansprechen. Zu diesem Typ zählen mit 42 % die meisten Pfarrgemeinderäte.
- *Konfrontativ* ist ein zweiter Typ. Wer zu dieser Gruppe zählt, erinnert sich an emotionale Konfliktaustragungen. Vor allem wegen dieser Art der Konfliktaustragung haben auch Menschen den Pfarrgemeinderat verlassen. Diese Gruppe ist mit 19 % die kleinste. In absoluten Zahlen handelt es sich dennoch um ziemlich viele Pfarrgemeinderäte.
- Der dritte Typ kann *kooperativ* genannt werden. Konflikte werden offen angegangen (39 %).

Erweisen sich Konflikte in einem Pfarrgemeinderat mit den eigenen Möglichkeiten als schwer oder gar unlösbar, kann von außen ein Anstoß erfolgen, die Lösungsenergie in Fluss zu bringen. Dafür sind in einigen Diözesen Mediatoren sowie Gemeindeberaterinnen und -berater ausgebildet und stehen für diese Aufgabe zur Verfügung.

Ein größerer Teil der Befragten hat *keine* Erfahrungen mit Hilfe von außen (für 45 % trifft der Satz nicht zu: *»Um unsere Ziele leichter zu erreichen, nehmen wir Begleitung von außen in Anspruch«*). Gemeindeberatung zur Verbesserung der Qualität der Arbeit haben sich 11 % gegönnt; für 17 % war dieser Dienst sehr hilfreich. Eine von außen kommende Mediation wird hingegen selten in Anspruch genommen (7 %). Möglicherweise ist dieses Instrument auch noch zu neu.

Zusammengefasst lässt sich sagen: Wollen Pfarrgemeinderäte ihre Aufgabe optimal erfüllen, ist eine doppelte Dynamik notwendig.

- Die eine kann Lokomotion genannt werden. Es ist jene Energie, welche das Gremium beflügelt, zielstrebig zu arbeiten und Ziele über Projekte nachhaltig zu erreichen.
- Die andere Energie heißt Kohäsion. Wo das Miteinander stark ist, Kooperation gelingt und Spannungen und Konflikte als schöpferische Kraft in kooperativer Konfliktaustragung genutzt werden, kann sich erfolgreiches Arbeiten leichter einstellen.

Diese beiden Dynamiken werden auch in den Umfrageergebnissen sichtbar. 87 % der Befragten betonen: *»Ich investiere gerne meine Zeit, wenn ich etwas bewegen kann«*, 70 % wiederum stimmen dem Satz zu: *»Ich investiere gerne meine Zeit, da wir im Gremium gut zusammenarbeiten und ich mich wohlfühle.«*

Teil 2:
Auf dem Weg zu zukunftsfähigen Pfarrgemeinden

Bezogen auf wichtige Ergebnisse der Pfarrgemeinderatsstudie werden nun einige Themen aufgegriffen und pastoraltheologisch im Dialog mit der Organisations- und Personalentwicklung weitergeführt. Damit wird angedeutet, dass empirische Forschungsergebnisse allein für die Entwicklung des Handelns nicht ausreichen. Sie benötigen immer eine »zweite Reflexion«, die bei kirchlichen Gremien mit der Perspektive des Evangeliums zu tun hat.

In einem ersten Teilstück werden eine biblische sowie unsere eigene Berufungsgeschichte in den Blick genommen.

Eine biblische Berufungsgeschichte

Der junge Samuel versah den Dienst des Herrn unter der Aufsicht Elis. In jenen Tagen waren Worte des Herrn selten; Visionen waren nicht häufig. Eines Tages geschah es: Eli schlief auf seinem Platz; seine Augen waren schwach geworden und er konnte nicht mehr sehen. Die Lampe Gottes war noch nicht erloschen und Samuel schlief im Tempel des Herrn, wo die Lade Gottes stand. Da rief der Herr den Samuel und Samuel antwortete: Hier bin ich.
Dann lief er zu Eli und sagte: Hier bin ich, du hast mich gerufen. Eli erwiderte: Ich habe dich nicht gerufen. Geh wieder schlafen! Da ging er und legte sich wieder schlafen. Der Herr rief noch einmal: Samuel! Samuel stand auf und ging zu Eli und sagte: Hier bin ich, du hast mich gerufen. Eli erwiderte: Ich habe dich nicht gerufen, mein Sohn. Geh wieder schlafen! Samuel kannte den Herrn noch nicht und das Wort des Herrn war ihm noch nicht offenbart worden. Da rief der Herr den Samuel wieder, zum dritten Mal. Er stand auf und ging zu Eli und sagte: Hier bin ich, du hast mich gerufen. Da merkte Eli, dass der Herr den Knaben gerufen hatte. Eli sagte zu Samuel: Geh, leg dich schlafen! Wenn er dich (wieder) ruft, dann antworte: Rede, Herr; denn dein Diener hört. Samuel ging und legte sich an seinem Platz nieder. Da kam der Herr, trat (zu ihm) heran und rief wie die vorigen Male: Samuel, Samuel! Und Samuel antwortete: Rede, denn dein Diener hört.
(1 Sam 3,1–10)
Diese Berufungsgeschichte des jungen Samuel ist für jene, die sich heute ehrenamtlich in der Kirche engagieren, höchst lehrreich.

Kirchenschlaf

Zunächst ist vom Schlaf die Rede. Der alte Eli schlief im Tempel des Herrn. Und auch der junge Samuel war nicht wach. Übertragen auf uns lässt sich fragen: Ist nicht auch die Kirche bei uns müde geworden vom täglichen Einsatz und vielleicht auch ausgepowert und überanstrengt? Von wacher Dynamik, gar von einer Stimmung des Aufbruchs wie in den Zeiten von Johannes XXIII.

und des von ihm einberufenen Konzils ist momentan wenig zu merken.

Nun ist der Schlaf zwar eine Zeit der Passivität und der vermeintlichen Untätigkeit. Dennoch geschieht im Schlaf viel Heilsames. Unverdautes wird in Träumen verdaut. Die Bibel berichtet zudem, dass Gott gerade im Schlaf Menschen leitet: den ägyptischen Josef (Gen 37,5), den Stammvater Jakob (Gen 31,11) oder auch Josef an der Seite Mariens (Mt 2,13). Dass der Schlaf für Gott ein derart taugliches Instrument ist, liegt vielleicht daran, dass wir da ruhig, zugleich aber in dieser Entspanntheit höchst empfänglich sind. »Es ist umsonst, dass ihr früh aufsteht und euch spät erst niedersetzt, um das Brot der Mühsal zu essen; denn der Herr gibt es den Seinen im Schlaf«, heißt es in Psalm 127,2.[65]

Die derzeit auf allen Ebenen müde Kirche mag sich somit überraschenderweise als hervorragende Idee für Gott entpuppen, ihr im Schlaf eine neue Ausrichtung und Christenmut[66] zu schenken.

Visionslos

Schade, dass dann der Priester für andere Pfarren zuständig sein wird. Überforderung für viele, wenn es nicht gelingt, Klarheit über eine Vision zu bekommen. Ohne Vision verkommt ein Volk, steht im Buch der Sprüche. Ich frage mich, ob wir genug unseren Visionen nachspüren. [Mann, *1985]

In der Berufungsgeschichte des jungen Samuel wird lapidar vermerkt, dass in jenen Tagen Visionen selten waren. Solche Visionen, so der Text, galten als »Worte des Herrn«. Zeigt Gott seinem Volk den Weg über Visionen? Moderne Unternehmensberatung schätzt die Bedeutung von Visionen. Sie orientieren und motivieren in einem. Sie leiten, sind also Leitbilder. Wie der Stern die Weisen aus dem Morgenland zum Neugeborenen in der Krippe geführt hat (Mt 2,9), so leiten Visionen das Gottesvolk auch heute

---

65 Auch Spr 3,24–26; 10,22; Sir 11,11.
66 Zulehner, Paul M.: Christenmut, Gütersloh 2010. – Ders.: Ein neues Pfingsten, Ostfildern 2008.

auf seinem praktischen Weg. Visionen sind eine jetzt geschaute Zukunft, die anzieht, attraktiv ist. Sie setzen Kräfte und Tun frei. Der alte Priester Eli hatte keine Visionen mehr, er konnte, wie der Text messerscharf formuliert, »nicht mehr sehen« (was ja lateinisch *videre* heißt).

Pfarrgemeinderäte ohne Visionen sind in einer prekären Lage. Sie treten auf der Stelle. Wo kein klares Ziel ist, beginnt man im Kreis zu gehen. Aktionismus[67] stellt sich ein. *»Man sitzt dauernd, und nichts kommt heraus«:* Eine Erfahrung, die man bei kleinen Kindern gut beobachten kann; Sigmund Freud hat diese Erfahrung auf das Seelenleben übertragen. Er nennt es die »anale Störung«. Gibt es eine solche auch in kirchlichen Gremien?

Du hast mich gerufen

Die Samuelberufung ist auch deshalb ein Lehrstück, weil es ein ererbtes Missverständnis mancher Laien in der Kirche thematisiert. Da ruft Gott mit leiser Stimme den Jugendlichen in der Nacht. Dieser geht zu Eli, der ihn fragt, was er von ihm wolle.

Verwechseln nicht viele immer noch den Ruf Gottes mit dem Ruf des Priesters? Fühlen sie sich als »Mitarbeiter Gottes« oder als »Mitarbeiter der Priester«?

Ein solches Missverständnis kann auch Vorteile haben: Kommt man mit dem Priester nicht zurecht, kann die Arbeit für Gott mit vermeintlich guten Gründen beendet werden. Was aber sage ich dann Gott bei der Lebensbilanz, wenn er mich fragen wird, was ich mit meiner Kirchenberufung gemacht habe? Es wird mir dann wenig nützen, wenn ich mich herausrede: *»Lieber Gott, hast du vergessen, welchen Pfarrer (und manche denken dann gleich an den Bischof oder den Papst) ich gehabt habe?«* Gott wird dann im Sinn der unvertretbaren Kirchenberufung sagen: *»Jene werde ich schon auch noch fragen. Aber jetzt bist du dran!«* Unvertretbar ist die Eigenverantwortung der Berufenen!

---

67 Die Kirche soll mehr Gelegenheit für Spiritualität geben: stille Orte, diese Erlebnisse auch Jugendlichen und Kindern angedeihen lassen, zu viel Aktionismus schadet ... [Frau, *1988]

Eli weckt die Berufung

Eli freilich nimmt das Angebot des Samuel nicht an. »*Ich habe dich nicht gerufen*«, sagt er zu ihm, und schickt ihn wieder schlafen. So geht das zweimal vor sich. Eli betrachtet Samuel nicht als seinen Mitarbeiter, auch wenn er davon hätte profitieren können.

Allerdings war auch er noch nicht auf die Idee gekommen, dass Gott einen Ruf ergehen ließ. Erst beim dritten Mal ahnt er es und sagt deshalb zu ihm: »*Wenn er dich wieder ruft, dann sag: Rede, Herr, dein Diener hört.*«

Aufgabe des Eli ist es also nicht, an den jungen Samuel Arbeit zu delegieren. Vielmehr ist er daran beteiligt, dass Samuel den Ruf als Ruf Gottes erkennen kann. Denn »*Samuel erkannte den Herrn noch nicht*«. Durch Eli wurden dem Samuel Ohren und Herz für Gott geöffnet. Eli erwies sich als vorzüglicher Mystagoge – er hat Samuel in die letzte Einsamkeit und Konfrontation mit Gott selbst geführt, also vor das innerste Geheimnis seines Lebens.[68] Und als der unnachgiebige Herr neuerlich rief, antwortete Samuel mit seinem »Adsum!«, also »*Da bin ich, Herr. Was mutest du mir zu, was traust du mir zu?*« Es ist jenes Adsum, das Priester bei der Weihe und Ordensleute bei der Ablegung ihres Gelübdes sprechen. Es steht auch all jenen zu, welche die Christenweihe erhalten haben, also allen Mitgliedern des Gottesvolkes. Viele neuere geistliche Bewegungen haben es auf ihrem spirituellen Programm, dass die (oft als Säuglinge) Getauften ihre Taufe als Erwachsene entschieden annehmen. Es gibt Pfarrgemeinden, in der die Karwoche als ein Zuweg zur Erneuerung der Taufe in der Osternacht gestaltet wird.

Die Rollen werden jedenfalls in dieser alten Erzählung treffsicher bestimmt. Im Mittelpunkt steht ein Mensch, mit dem Gott viel vorhat. Der alte Eli trägt dazu bei, dass Gott mit seiner Zumutung bei diesem jungen Mann auch wirklich ankommt. Son-

---

68 So umschreibt Karl Rahner Mystagogie. Mehr dazu in: Zulehner, Paul M./Heller, Andreas: Denn du kommst unserem Tun mit deiner Gnade zuvor. Zur Theologie der Seelsorge heute. Paul M. Zulehner im Gespräch mit Karl Rahner, erweiterte Auflage, Ostfildern 2002.

nenklar bleibt allerdings, dass in der ganzen Geschichte Gott die Hauptrolle spielt: Unaufhaltsam bringt er seine Geschichte mit seinem Volk voran.

Ein Volk ohne Visionen geht zugrunde

Die Lebendigkeit einer Organisation, so moderne Wissenschaft, gründet in einer starken Vision. Eine solche steht immer am Anfang, bringt gleichsam die Organisation gebärend hervor. So war es Jesu Vision, dass Gottes Reich kommen möge und sich darin Gottes Wille für die Welt erfülle. Er sagte, dass in ihm dieses Gottesreich schon angekommen sei. Damit es sich in die Menschheit hinein ausweitet, hat er eine Gemeinschaft von Jüngerinnen und Jüngern gesammelt. Sie sind nicht irgendeine Gemeinschaft, sondern von der Vision Jesu bewegt. Dieses Kommen des Reiches Gottes geschieht immer konkret im Heute, in unserer Zeit. Die konkrete, das Handeln leitende Vision eines Pfarrgemeinderats bildet sich deshalb an der Schnittstelle zwischen dem ererbten Auftrag und dem Leben der heutigen Menschen in unseren modernen Gesellschaften. Es treffen Tradition und Situation aufeinander.

So gilt es, in jedem Pfarrgemeinderat gemeinsam eine Vision zu erarbeiten, in der sich möglichst viele finden können. Dann kann an die Stelle der verbreiteten, sorgenschwangeren Depression die Kraft einer beflügelnden Vision treten.

Praktisch gelangt zu einer solchen gemeinsamen Vision ein Pfarrgemeinderat (nach Möglichkeit unter Einbeziehung vieler Pfarrmitglieder) in einem Dreischritt:

- Den Ausgangspunkt bildet das Heben jener kleinen Visionen, die Gott jeder und jedem schenkt, die er einer Pfarre »hinzufügt«. Dazu ist es erforderlich, dass die Einzelnen in aller Stille in sich gehen und mit ihrer ureigenen Vision von Pfarre in Berührung kommen. In kleinen (Dreier-)Gruppen erzählen sie einander davon.
- In einem zweiten Schritt werden Bausteine davon zusammengetragen. Ein erster gemeinsamer Entwurf von Elementen einer Pfarrvision kann formuliert werden.

- Dieser Entwurf gehört schließlich auf den Prüfstand jener Visionen, die in den biblischen Gründungsurkunden überliefert sind und sich im Lauf der Geschichte der Kirche weiter entfaltet haben. Zugleich wird der Entwurf auch auf seine »Zeitgerechtigkeit« überprüft. Es gilt, dass die leitende Vision die Pfarre möglichst »Gott und den Menschen nahe« positioniert.

Beginnt der Weg zu einer gemeinsam geteilten Vision bei den einzelnen Personen, besteht die hohe Wahrscheinlichkeit, dass das Ergebnis von den beteiligten Personen auch angenommen wird. Dieses Einverstandensein führt dazu, dass die Einzelnen die gemeinsame Vision als *ihre eigene* Vision ansehen. Das wiederum bewirkt, dass sie von innen her am Erreichen dieser Vision mitarbeiten.

Anders verliefe die Arbeit, würde ein Expertenteam, ein Pfarrer oder theologisch bestgebildete Hauptamtliche eine Vision mit dem Ziel vorlegen, dass sich die Mitglieder des Pfarrgemeinderates diese aneignen. Dann bräuchte man weniger Zeit, um die Pfarrvision zu entwickeln. Dafür wäre aber nachher viel Kraft und auch Zeit nötig, um sicherzustellen, dass die Leute sich auf diese Vision hin auf den Weg machen.

Allerdings lassen sich für die gesuchten Visionen ein paar Kriterien benennen, auf deren Prüfstand das gestellt werden kann, was die Beteiligten im Visionsprozess erarbeitet haben. Werden diese Kriterien erfüllt, steigt die Wahrscheinlichkeit, dass die Arbeit des Pfarrgemeinderates »heutig« ist, also in jener Zeit und in jener Welt stattfindet, in die Gott uns »weggeführt« hat (Jer 29,4). Es gilt die »Zeichen der Zeit« für die Erarbeitung pfarrgemeindlicher Visionen zu lesen und sie im Lichte des Evangeliums zu deuten.

Zeitgerechte Elemente einer Pfarrvision

Universell

Ein erstes Kriterium: Eine zeitgerechte und zugleich jesusgemäße Vision ist *universell.* Sie sorgt sich nicht nur um das Heil der Getauften, sondern weiß sich im Namen Gottes zu allen Menschen (pfarrlich: auch im Nahraum) gesandt. Einer ihrer Kernsätze lautet beispielsweise: Gott ist auch ein Gott der Atheisten, der Buddhisten, der spirituell Suchenden. Universell meint, dass Gott das Heil aller Menschen will (1 Tim 2,4).

Daran schließt sich die Frage an, wie sich die Pfarrgemeinde versteht und ob der aktive Kern eine Gruppe bildet, in die neue Menschen kaum noch Zugang finden. Man kann mit ihr auch überprüfen, ob in den Arbeitsgruppen auch Mitglieder anderer christlicher Konfessionen beteiligt sind oder Menschen anderer Weltreligionen (etwa Muslime), aber auch Agnostiker, Skeptiker und Atheisten.

Heilsoptimistisch

Charakteristisch für eine zeitgerechte Vision ist ihr Heilsoptimismus. Zwar sprechen die Erfahrungen, welche die Menschen mit ihrer eigenen Unheilsgeschichte machen, eher für den augustinischen Heilspessimismus. Demnach würden nur wenige gerettet, wie eben auch ein Kamel kaum durch das Nadelöhr – ein kleines enges Tor in der Stadtmauer Jerusalems – kommt. Jesus aber sagt angesichts dieser Unmöglichkeit: Bei Gott ist kein Ding unmöglich (Mt 10,27). Die Frage ist also nicht, wohin die Menschheit gerät, wenn ausreift, was es an Schuld und Tragik in ihr gibt. Die Antwort darauf wäre in religiöser Sprache einfach: Der Weg würde direkt in die Hölle führen.

Die Frage ist vielmehr, was angesichts der Aussichtslosigkeit der Menschheit gottmöglich ist. Was ist *ihm* zuzutrauen? Was wiegt mehr, die Schuld des Menschen oder der »heruntergekommene Gott« (Wilhelm Bruners): also dass er in seiner Menschwerdung die dem Tod verfallene menschliche Natur angenommen hat? Hat er nicht erlöst, was er angenommen hat? Und welches Heilsgewicht haben sein Tod am Kreuz, seine »Hadesfahrt«, und seine Auferweckung? Griechische Kirchenväter wie der heilige Gregor von Nyssa (335–394) geben darauf eine Antwort gläubiger Hoffnung. Sie trauen es Gott zu, dass es am Ende einen vollkommenen Sieg Gottes über Sünde und Tod gibt. Die Ostkirche feiert zu Ostern vorab die Hadesfahrt Christi. Steigt doch der Auferstandene als Erstes in die Hölle, um nicht nur Adam und Eva mit dem Rettungsgriff ins ewige Leben zu ziehen, sondern auch die Macht des Widergöttlichen endgültig zu brechen.

Gottes- und Nächstenliebe

Viele pastorale Visionen orientieren sich in der praktischen Konkretisierung an den drei »Grunddimensionen« kirchlichen Lebens »Dienst, Gebet, Zeugnis« (Poitiers); geläufig sind sie als Diakonie, Liturgie, Verkündigung (Martyria). Umfangen werden diese Dimensionen christlichen Lebens durch die Koinonia, die Geschwisterlichkeit.

Jesus näher ist allerdings eine Zweiteilung: *»Wer in Gott eintaucht, taucht unweigerlich bei den Menschen/den Armen auf, und umgekehrt.«* So formulierte es der Passauer Pastoralplan, den Bischof Franz X. Eder zu Pfingsten 2000 im Passauer Dom feierlich promulgiert hatte. Hier handelt es sich um das Wechselspiel von Mystik und Politik (Dorothee Sölle, Johann B. Metz, Rottenburger Synode), von Kontemplation und Kampf (Roger Schutz, Taizé). Letztlich aber ist dieses Wechselspiel reifender Liebe biblisch. Jesus greift es als das große Doppelgebot Israels auf, als er einem Gesetzeslehrer den Weg weist:

Da stand ein Gesetzeslehrer auf, und um Jesus auf die Probe zu stellen, fragte er ihn: Meister, was muss ich tun, um das ewige Leben zu gewinnen? Jesus sagte zu ihm: Was steht im Gesetz? Was liest du dort? Er antwortete: Du sollst den Herrn, deinen Gott, lieben mit ganzem Herzen und ganzer Seele, mit all deiner Kraft und all deinen Gedanken, und: Deinen Nächsten sollst du lieben wie dich selbst. Jesus sagte zu ihm: Du hast richtig geantwortet. Handle danach und du wirst leben (Lk 10,25–28). [69]

Eucharistie im pfarrlichen Leben

Ein letztes Kriterium bildet der Stellenwert der sonntäglichen Eucharistie im pfarrgemeindlichen Leben.

Es war kein geringerer als Johannes Paul II., der in einem seiner wichtigsten Schreiben betonte, dass sich die Kirche aus der Eucharistie aufbaut.[70] Sein Nachfolger, Benedikt XVI., steht ihm

---

69 Vergleiche damit: Dtn 6,5; Lev 19,18; Mt 5,43; Röm 13,9; Gal 5,14.
70 Johannes Paul II.: Ecclesia de eucharistia, Rom 2003.

diesbezüglich nicht nach. Er sagte 2005 jungen Menschen auf dem Weltjugendtag in Köln, dass die Eucharistie Gewalt in Liebe wandele. Sie wandelt Brot und Wein in Leib und Blut Christi und uns – die wir von diesem Brot essen und aus dem Kelch trinken – in den Leib Christi. Von da aus weitet sich die Wandlung aus in die Wandlung der Welt.

Menschwerdung, Tod und Auferstehung haben so eine Bedeutung für die ganze Welt, für den Kosmos. Wer sich Christi Leib einverleibt, der wird selbst Leib Christi und damit hineingewandelt in die vollendete Gestalt des Menschen und der Schöpfung. Er wird randvoll mit Christus. Christus lebt dann in diesem Menschen oder wie Paulus in seiner tiefen Christusmystik jubelt: *Nicht mehr ich lebe, sondern Christus lebt in mir. Soweit ich aber jetzt noch in dieser Welt lebe, lebe ich im Glauben an den Sohn Gottes, der mich geliebt und sich für mich hingegeben hat (Gal 2,20).*

Die sonntägliche Eucharistie wandelt aus der Kraft des herabgerufenen Heiligen Geistes zunächst uns. Christusförmig geworden können wir gar nicht anders, als zu leben und zu handeln wie er. Verdichtet wird dieses Bild in der Fußwaschung, die Jesus selbst am Abend vor seinem Leiden den Jüngern geschenkt hat. »Ein Beispiel habe ich euch gegeben«, fügt er an. Aber nicht nur ein Beispiel. Wenn wir uns den Leib Christi einverleiben und so sein Leib werden, erfahren wir uns ermächtigt, auch zu lieben wie er. Fußwaschung steht also für die Art, wie Jesus liebte. Diese Liebe ist wiederum die sinnlich gemachte Liebe des unsichtbaren Gottes zu uns. Sie ist Ausdruck seines unermesslichen Erbarmens, das nicht will, dass auch nur einer aus seiner Schöpfung verloren geht. Dafür setzt Gott alles ein: sich selbst – in seinem Sohn.

Wir werden also gewandelt und mit uns ein Teil der einen Menschheit. Denn wir Christen sind in dieser wie ein Sauerteig. Was an uns geschieht, ist zugleich ein Geschehen in der Menschheit. Die sonntägliche Feier der Eucharistie ist somit kein privates Ereignis. Sie betrifft auch nicht nur die Mitfeiernden. Vielmehr findet Wandlung der Welt statt. Sie ist also kein privates, sondern ein »kosmisches« Ereignis. Der auferstandene Christus wächst durch uns gleichsam immer mehr in die Schöpfung hinein und wird so zum »kosmischen Christus« (Teilhard de Chardin).

Es ist nicht schwer, von dieser unschätzbar großen Bedeutung der sonntäglichen Eucharistiefeier aus den Schluss zu ziehen, dass es aller nur möglichen Anstrengungen und Vorkehrungen bedarf, dass sie in entschieden glaubenden Gemeinden auch wirklich gefeiert werden kann. Auf diesem Hintergrund ist die derzeit laufende Ausdünnung aufgrund des Priestermangels nicht nur unverständlich, sondern ein Vergehen an der Schöpfung und deren Verwandlung. Damit ist nicht gesagt, dass Gottes Geist nicht auch auf anderen Wegen die Menschen zur Vollendung führt und zu Liebenden reifen lässt. Aber es bleibt unbestritten, dass die Eucharistiefeier das Urereignis der Wandlung der Welt ist, das sich in jeder noch so schlichten sonntäglichen Eucharistiefeier in den gläubigen Gemeinden ereignet.

Bleibt die Frage, wer dafür die Verantwortung trägt, dass in jeder glaubenden Gemeinde sonntags Eucharistie gefeiert werden kann. Und wenn die gläubigen Gemeinschaften dafür mitverantwortlich sind: Wie verdichtet sich deren Verantwortung künftig mehr als bisher in Taten?

Unsere Berufungsgeschichte

Die Grundlage für die Erneuerung der Kirchengestalt ist eine Besinnung auf die Berufung jedes Einzelnen in der Kirche als Mitglied des Gottesvolks am Ort.

Das ist die Grundmelodie: Alle, die Gott seiner Kirche »hinzugefügt« hat (Apg 2,47), sind unvertretbar verantwortlich für das Leben und Wirken der Kirche. Getaufte sind also nicht einfach zahlende »Kunden« einer (noch relativ) geldstarken »Dienstleistungskirche«. Vielmehr gilt: Wenn immer die Kirche einen Menschen aus Gottes Kraft und Gnade sakramental in die Kirche eingliedert, also tauft und firmt und ihm den Zutritt zur Feier der Eucharistie eröffnet, sagt sie dieser Person: *»Dich braucht Gott für seinen Dienst an der Welt! Dazu habe ich dich berufen. Und dazu habe ich dich reichlich mit jenen Fähigkeiten ausgestattet, die der Kirche am Ort – also auch und gerade in deiner Pfarrgemeinde – guttun. Du nimmst teil an der Sammlung und Sendung des Gottesvolks.«*

Die Grundfrage an die gewählten oder berufenen Pfarrgemeinderatsmitglieder lautet also: Habe ich meine Kirchenberufung schon erkannt? Habe ich in letzter Einsamkeit vor Gott mein Ja dazu gesprochen? Und habe ich – vielleicht dadurch, dass mir eine Aufgabe zugemutet wurde – jene meine Fähigkeiten erkannt und entfaltet, welche die Heilige Schrift »Charismen« nennt (vgl. 1 Kor 12; Röm 12)?

Weil die gottgegebenen Berufungen immer eine Berufungsgemeinschaft aufbauen, stellt sich auch die Frage nach der gemeinsamen Berufung – konkret der Pfarrgemeinde. Hat also die Pfarre, bildlich gesprochen »eine für möglichst viele gemeinsam bewohnbare Pfarrvision«?[71]

Im Folgenden vertiefen wir durch einen kleinen Gang durch die kirchliche Tradition die große Bedeutung des Gottesvolks (griechisch: des laós) und der ihm »Hinzugefügten«.

---

71 Der Weg zu ihr wurde weiter oben schon skizziert (siehe der Abschnitt »Ein Volk ohne Visionen geht zugrunde«)

Alle sind geistlich

Das Wissen um die Berufung aller, die Gott seinem Volk hinzugefügt hat, war in der jungen Kirche stark und prägte das Leben und die Lebendigkeit der Gemeinden. Alle wussten sich als
Mitglieder eines priesterlichen Gottesvolks.[72] Alle fühlten sich
als »Heilige«[73], also zur Heiligkeit berufen. Alle galten als
»geistlich« (also Geist-beschenkt). Eine Spaltung der Kirche in
Laien und Priester war dieser Zeit der Kirche fremd. *Laós* um-
fasste alle Kirchenmitglieder. Und unter diesen waren Älteste,
presbyteroi, welche die Gemeinde wie der Apostel Paulus »an
Christi statt«[74] leiteten. Die einzelnen Gemeinden wussten sich
hineinverwoben in eine universale Kirche. Dass sie in der Spur
des Evangeliums blieben, dafür bürgten die Apostel und ihre
Nachfolger. Als Gottesvolk verdankten sie sich Gott und seiner
Gnade.[75]

Priesterkirche

Als die Kirche im Römischen Reich zur Staatskirche wurde und
sich in die unterschiedlichen Kulturen Europas ausbreitete,
wurde sie von den damaligen politischen Organisationsmustern
mitgeformt. Eine nachhaltige »Inkulturation« der Kirchengestalt, eine Art Anpassung an die Verhältnisse der damaligen Zeit
fand statt – und das nicht nur zum bleibenden Vorteil für die
Kirche.[76]

---

72 »Ihr aber seid ein auserwähltes Geschlecht, eine königliche Priesterschaft, ein hei-
    liger Stamm, ein Volk, das sein besonderes Eigentum wurde, damit ihr die großen
    Taten dessen verkündet, der euch aus der Finsternis in sein wunderbares Licht
    gerufen hat.« (1 Petr 2,9)
73 »Paulus, durch den Willen Gottes Apostel Christi Jesu, und der Bruder Timotheus
    an die heiligen Brüder in Kolossä, die an Christus glauben. Gnade sei mit euch und
    Friede von Gott, unserem Vater.« (Kol 1,1f.)
74 »Wir sind also Gesandte an Christi statt, und Gott ist es, der durch uns mahnt. Wir
    bitten an Christi statt: Lasst euch mit Gott versöhnen!« (2 Kor 5,20)
75 Zu dieser gnadentheologisch entworfenen Ekklesiologie: Fuchs, Ottmar: Im
    Innersten gefährdet. Für ein neues Verhältnis von Kirchenamt und Gottesvolk,
    Innsbruck 2009.
76 Zu dieser Entwicklung: Neuner, Peter: Der Laie und das Gottesvolk, Frankfurt 1988,
    61–84.

Im Mittelalter geriet die Kirche in den Machtkampf zwischen Kaiser und Papst. Und weil alle »Parteien« faktisch in der Kirche waren, spielte sich dieser Kampf innerhalb der Kirche ab. Er überschattete die Beziehungen der Kirchenmitglieder untereinander. Der Klerus wurde mächtiger, die Stellung der »Nichtkleriker« (des Kaisers, der Fürsten, und nach und nach aller Kirchenmitglieder) schwächer. Zwischen Klerus und den nunmehr sogenannten »Laien« wuchs eine tiefe Kluft.[77] »So richtig Kirche« waren nur noch die Kleriker. Der neue Begriff »Laien« verlor an Glanz und Würde. Es entstand eine »(Priester-)Kirche für das Volk.«

Zweites Vatikanisches Konzil

Das Zweite Vatikanische Konzil erneuerte dank der ihm vorausgehenden Erfahrungen in drei großen Basisbewegungen (liturgische Bewegung, Bibelbewegung, Ökumenebewegung) sowie über die Lektüre der Heiligen Schrift und der Kirchenväter dieses durch die Anpassung an weltliche Verhältnisse überformte Kirchenverständnis. Es überwand die Kluft zwischen Klerus und Laien, zwischen Priestern und Gläubigen (eine Alternative, die übrigens die Priester nicht gut wegkommen lässt). Aus der »Kirche für das Volk« wurde im Rückgriff auf die biblischen Gründungsurkunden eine »Kirche des Volkes«, die eine »Kirche im Volk« (in der Gesellschaft, in der Menschheit) sein will und soll. Die Kirche versteht sich nunmehr wieder als Gemeinschaft, in der *»auf Grund der Wiedergeburt in Jesus Christus bei allen Unterschieden in den Begabungen und Berufungen eine wahrhafte Gleichheit an Würde und Berufung«*[78] herrscht.

---

77 In der Fachsprache ist von einem »pastoralen Grundschisma« (einer innerkirchlichen Spaltung) die Rede: Audet, Paul: Priester und Laie in der christlichen Gemeinde. Der Weg in die gegenseitige Entfremdung, in: Der priesterliche Dienst I: Ursprung und Frühgeschichte, Qd 46, Freiburg 1970, 115–175. – Weß, Paul: Ihr alle seid Geschwister. Priester und Gemeinde, Mainz 1983. – Zulehner, Paul M.: Gemeindepastoral. Kirche ereignet sich in Gemeinden, erschöpft sich aber nicht in diesen, Düsseldorf 1999.

78 So in der Konstitution über die Kirche »Lumen Gentium« Nr. 32. – Das geltende Kirchenrecht hat diese Passage in die Grundrechte im Gottesvolk übernommen: can 208 CIC.

Von Erfahrungen in Frankreich lernen?

Albert Rouet, Erzbischof der französischen Diözese Poitiers, hat diese konziliare Theologie der Kirche, aller Getauften und der Amtsträger ernst genommen. Es beflügelt ihn die wiedergewonnene Wertschätzung aller Kirchenmitglieder, wenn er betont: *»Es sind nicht die Christen, die fehlen, was fehlt ist das Vertrauen, das man ihnen entgegenbringt.«*[79]

Ein mutiger Kirchenumbau

»Es geht also regelrecht um eine kopernikanische Wende: Nämlich um den Übergang aus dem Zustand, in dem Laien als fleißige und tüchtige Mitarbeiter um den Priester kreisen, um ›dem Herrn Pfarrer zu helfen‹, hin zu dem Status wirklicher, verantwortlicher Gemeinden – mit einem Priester zu ihrem Dienst, der von Gemeinde zu Gemeinde geht und sich für jede Zeit nimmt.« [80]

So beschreibt der Erzbischof den Umbau seiner Diözese zu einer neuen Kirchengestalt. Diese Strukturreform fußt auf dem vertieften Wissen des Zweiten Vatikanischen Konzils von der Kirche und der Berufung der Laien in ihr. Dieses Wissen in Erinnerung zu rufen ist angesichts der Umfrage unter den Pfarrgemeinderäten angebracht. Es wird jene 61 % stärken, die sich wünschen, dass die Beschlüsse des Zweiten Vatikanischen Konzils »entschlossener durchgeführt werden«. Es sind die Älteren, die um das Konzil besorgt sind. Für die Jüngeren ist das »Geschichte« und sie nehmen seine Errungenschaften längst als selbstverständlich hin. Ein 59-jähriger Mann hat sich dazu so geäußert:

»Ich habe leider sehr stark das Gefühl (allerdings nicht in meiner Pfarre), dass es viele Kräfte gibt, die die Kirche (von Rom ausgehend) in die Zeit vor dem II. Vatikanischen Konzil zurückführen wollen, die Probleme haben mit Aufklärung, Öffnung usw. zu tun. Das halte ich, der vom Geist des II. Vatikanischen Konzils geprägt wurde, nicht nur für extrem frustrierend, nicht nur weil immense

---

79   Rouet, Albert: Auf dem Weg zu einer erneuerten Kirche, in: Feiter, Reinhard/Müller, Hadwig (Hg.): Was wird jetzt aus uns, Herr Bischof? Ermutigende Erfahrungen der Gemeindebildung in Poitiers, Ostfildern 2009, 17–42, hier 36.
80   Rouet, 27.

Energien vergeudet werden und das Bild der Kirche in der Öffent-
lichkeit regelmäßig in ein schiefes Licht gerückt wird, sondern auch
weil ich überzeugt bin, dass es ganz klar ein falscher und gefährli-
cher Weg ist, der nicht erfolgreich sein kann und die Kirche zu einer
Sekte verkommen lassen könnte. Was aber nicht heißen soll, dass
die Kirche deswegen alle ihre moralischen, ethischen und anderen
Grundsätze aufgeben soll und muss. Eine Erneuerung des Geistes
des II. Vatikanischen Konzils und ein klares Bekenntnis zu dessen
Grundsätze auf allen Ebenen der Kirche wäre höchst wünschens-
wert.« [Mann, *1950]

Nicht nur Strukturreform

Dieser Kirchenumbau, den die Erzdiözese Poitiers auf dem Hintergrund ihrer lokalen Geschichte gestaltet, kann nicht einfach
auf unsere Verhältnisse übertragen werden. Von dort zu lernen
ist jedoch jenes Wissen um Kirche, um Gläubige und um Amtsträger, das auch unsere Pfarrgemeinden zukunftsfähig machen
wird.

Es zeigt sich: *Nachhaltige Kirchenreform ist nicht nur Strukturreform.* Wer nur die Strukturen verändert, beschränkt sich auf den
Rückbau (»downsizing«) des überkommenen Kirchenbetriebs
und der ihm angemessenen Kirchengestalt. Das aber macht die
Kirche nicht zukunftsfähiger, sondern organisiert lediglich den
stufenweisen Niedergang. Nach wie vor gilt: Wer morgen eine le-
bens- und handlungsfähige Kirche haben will, wer also nicht will,
dass die eigene Pfarrgemeinde stirbt, darf nicht den Untergang –
wenn auch noch so gekonnt und klug – verwalten, sondern muss
mutig den Übergang in eine neue Kirchenform gestalten. Dazu
muss er auf die unverzichtbare Aufgabe aller Kirchenmitglieder
setzen. Vorausschauend ist auch, sich dabei nicht auf die bislang
verfügbaren und vorhersehbaren Finanzen zu stützen. Zudem
braucht es eine Neubesinnung auf die Rolle der Amtsträger.

Erneuerung des amtlichen Dienstes

Man hat Poitiers vorgeworfen, es würde sich eine »Kirche ohne
Priester« bilden. Der Erzbischof dementiert dies vehement. Aber
so wie sich im Zuge einer solchen Kirchenumgestaltung das Bild

von den Kirchenmitgliedern vertiefend wandelt, erhält auch das kirchliche Amt eine neue Qualität. Noch einmal bekommt der Erzbischof Rouet das Wort, um zu erklären, wie sich im Zuge der Erneuerung der Kirchengestalt der Dienst der Priester mitwandelt:

> *So wie das Pfarrsystem den Priester in die Mitte stellt und die Laien um ihn herum kreisen – was dem Priester gewiss eine traditionelle soziale Stellung verschafft und ihn in seinem Ego stärkt –, so bringen die örtlichen Gemeinden es mit sich, dass der Priester, wie schon gesagt, von einer Gemeinde zur anderen geht und so um sie kreist. Er begibt sich damit gewissermaßen (bei uns allerdings in gemäßigter Form) auf Wanderschaft, gemäß der apostolischen Lebensweise, auf die hin er geweiht ist. Es darf ihm ja nicht genügen, an einem Ort ansässig zu sein, da er geweiht ist, ›um das apostolische Dienstamt auszuüben‹ (wie es in der Messe für einen verstorbenen Priester heißt). Er ist nicht mehr der Mann des Organisierens, der sich um alle Details selbst kümmert, der alles weiß und alles dirigiert. Er muss zum Kern der Sache kommen, zu dem, was seine ganz eigene Sache ist: Er muss dem Wachstum im Glauben und der missionarischen Dynamik dienen.*«[81]

Priester sind also in Poitiers nicht mehr ortsansässige »Gemeindeleiter«, worauf in den letzten Jahrzehnten so großen Wert gelegt worden ist[82], sondern im Namen des Bischofs weit mehr wandernde Gemeindegründer. Das liegt in einer Zeit nahe, in der die Kirche nach der Auflösung der »christentümlichen Gesellschaften« in Europa einen missionarischen Elan entwickelt, der sich nicht nur im Gewinnen einzelner Menschen für das Evangelium, sondern im Aufbau von evangeliumsgemäßen Gemeinschaften und Gemeinden konkretisiert.

Dabei kann durchaus die Frage gestellt werden, ob dieses Modell der gemeindegründenden Wanderpresbyter der Zusammengehörigkeit von entschieden glaubender Gemeinde und Feier der Eucharistie gerecht wird. Vielleicht braucht es in den »örtlichen Gemeinschaften« neben den gemeindegründenden Wanderpresbytern auch »örtliche Presbyterien«?

---

81 Rouet, 39.
82 Klostermann, Ferdinand: Die pastoralen Dienste heute. Priester und Laien im pastoralen Dienst. Situation und Bewältigung, Linz-Wien-Passau 1980.

Ich kenne die Meinen (Joh 10,14)?

Eine sich markant ändernde Kirchengestalt fordert heraus, gelernte Bilder der pastoralen Verantwortung weiterzuentwickeln. Das ist der Fall unabhängig davon, ob man diese Änderungen für richtig oder für falsch ansieht.

Auf Zukunft hin ist es deshalb faktisch unausweichlich, dass sich Priester, Diakone, Hauptamtliche und nicht zuletzt auch Verantwortliche in den Pfarrgemeinderäten fragen müssen, was in den neu geschaffenen pastoralen Großräumen nunmehr ihre Aufgaben sind.

So haben Priester früher gelernt, Seelsorger unmittelbar an der Seite der Menschen zu sein. Kirchen, die über Geld verfügen, können sich für die Seelsorge zusätzlich zu den Priestern hochqualifizierte Hauptamtliche leisten: Pastoralreferenten/-assistenten, Gemeindereferenten. Die Pfarrgemeinderäte sehen laut unserer Studie klar, dass auch diese Hauptamtlichen – und nicht nur die Priester – Seelsorge machen. Dabei übersehen sie nicht, dass sie auch selbst ehrenamtlich seelsorglich tätig sind, wenn sie Kranke besuchen, Nachbarschaftshilfe leisten, Neuzugezogene willkommen heißen und ins Gemeindeleben einführen, Firmhelfer oder Tischmütter sind.

Allerdings weist eine Reihe von Aussagen der befragten Pfarrgemeinderäte darauf hin, dass nach ihrer Einschätzung Seelsorge nach wie vor »eigentlich« Aufgabe der Priester ist. Dies wird auch durch Erwartungen aus der Bevölkerung[83] unterstützt: Die Menschen moderner Gesellschaften sehen in der Kirche vor allem den Priester als »heiligen Außenseiter«, als Vertreter einer anderen, heiligen Welt Gottes. Dabei kommt für viele dieses Anderssein durch Weihe, Lebensform und Kleidung zum Ausdruck.[84]

---

83   Zulehner, Paul M.: Religion im Leben der Österreicher, Wien 1991.
84   Berger, Peter L.: Auf den Spuren der Engel. Die moderne Gesellschaft und die Wiederentdeckung der Transzendenz, Freiburg ²1992.

Hirtenbild

Ist dieses Bild von überschaubarer Seelsorge – so lässt sich dagegen fragen – möglicherweise überholt? Geht zumindest für die
Priester und nach und nach für alle Hauptamtlichen dieses Seel-
sorgekonzept zu Ende? Wird diese »Face-to-Face-Seelsorge« an
der Seite der Menschen im Volk (und nicht nur die Seelsorge der
Priester an den Hauptamtlichen und den Ehrenamtlichen) immer
mehr zur Aufgabe der Ehrenamtlichen – unter der Verantwortung der Pfarrgemeinderäte?

Kann es also sein, dass das überkommene Bild sich zwar unter
anderen gesellschaftlichen Bedingungen, weil in diesen gewach-
sen, bewährt hat, aber unter unseren heutigen Verhältnissen
nicht mehr trägt? Noch mehr, dass es die Priester überfordert und
die Leute in ihren Erwartungen an sie ständig frustriert? Es ist
das Bild, dass ein Seelsorger »alle die Seinen kennt«. Dieses Bild
kann sich auf einen Jesus zugeschriebenen Satz berufen: »Ich bin
der gute Hirt; ich kenne die Meinen und die Meinen kennen mich«
(Joh 10,14). Dieser Satz wurde auf dem Konzil von Trient zu einer
praktischen Anleitung für die alltägliche Seelsorge. Um alle kennen zu können, wurden einem Pfarrer nicht mehr als höchstens
5 000 Menschen anvertraut. Wie bereits im ersten Teil anklang,
hatte der als Vorbild im Priesterjahr angepriesene Pfarrer von Ars
lediglich 230 Katholiken in seiner idyllischen Pfarre. Heute hingegen, nach der Einrichtung der pastoralen Großräume, lautet die
vorrangige Aufgabe der Priester: Seelsorge an und mit denen, die
haupt- oder ehrenamtlich seelsorgliche Dienste leisten.

Ist es also an der Zeit, mit Blick auf die Priester das Bild des
Hirten – der den Verlorenen nachgeht, der die Seinen einzeln
und beim Namen kennt – neu zu bedenken? Es könnte aus der
Geschichte Israels gelernt werden. Im Alten Orient hat die Hirt-
Herde-Metapher weltlich das Verhältnis von König und Volk beschrieben. Im gläubigen Zusammenhang ist »Hirte« ein Merkmal
Gottes. In Ezechiel 34,11–22 wird Jahwe als der wahre Hirte Israels vorgestellt, der sich an die Stelle der unfähigen Hirten (Kö-
nige) setzt. Gut biblisch ist also Gott der Hirte seines Volkes und
nicht Einzelner; er hat die ganze Herde und deren Wohl im Blick.

Werden sich also die Pfarrer künftig um das pfarrliche Gemeinwohl kümmern, die Ehrenamtlichen hingegen – von den Pfarrern dabei unterstützt – um das seelsorgliche Einzelwohl? Es ist noch nicht abzuschätzen, welche Veränderungen das mit sich bringt: für die Ausbildung und auch die Auswahl der Priester, aber auch für das künftige Selbstverständnis von Pfarrgemeinderäten.

Wandert Seelsorge immer mehr zu den Ehrenamtlichen?

Viele Priester spüren diese Veränderung, auch wenn sie diese nicht annehmen möchten. Die Aufgaben verändern sich derzeit stark, auch bei jenen Priestern, die sich dank ihrer Ausbildung zur Einzelseelsorge dagegen aussprechen und sich innerlich wehren. Im Zuge der Errichtung der pastoralen Großräume sehen sie sich kaum noch in der Lage, nahe an den Lebensgeschichten der Menschen Seelsorge zu machen: *»Aufgrund der vielen administrativen Tätigkeiten kann ich meine Aufgabe als Seelsorger nicht so erfüllen«*, sagen 41 % der an der Umfrage beteiligten Priester. 64 % spüren zudem: *»Wegen der Errichtung großer Seelsorgsräume können Priester immer weniger seelsorglich bei den Menschen sein.«*

Priester machen nicht mehr selbst Seelsorge für alle und bei allen. Sie werden zu Seelsorgern der Multiplikatoren. Sie befähigen andere Kirchenmitglieder für diesen Dienst. Gemeint sind hier zunächst hauptamtliche Laien. Diese übernehmen Seelsorgeaufgaben, die bislang bei den Priestern angesiedelt waren und gar nicht typisch »weihegebunden« sind. Sie leiten, taufen, assistieren bei der Trauung, beerdigen (was vor allem die kirchenfernen Menschen den Priestern zuordnen), predigen in Gottesdiensten.[85] Nur eine geringe Zahl (21 %) der befragten Pfarrgemeinderäte ist gegen eine solche Entwicklung und stimmt dem Satz zu: *»Es ist nicht gut, wenn Laien dem Priester seine ursprünglichen Aufgaben abnehmen.«* Die Ausweitung der Seelsorge von den Priestern zu den hauptamtlichen Laien wird dadurch erleichtert,

---

85 »Laien müssen mehr Aufgaben übernehmen können. Taufen – Sonntagsmessen – Begräbnisse.« [Frau, *1971]

dass im Bewusstsein der Menschen Seelsorge nicht an die Weihe gebunden wird: *»Ein guter Seelsorger / eine gute Seelsorgerin muss nicht unbedingt geweiht sein«* (79 %).

Seelsorge wird sich in der nächsten Zeit, solange das Geld vorhanden ist, von den Priestern zu Hauptamtlichen verlagern. Was aber wird geschehen, wenn das »eingehobene« Geld ausgeht, weil sich der Mitgliederschwund fortsetzt?[86] Und wenn es dann zudem noch immer nicht genug Priester selbst für die immer größer werdenden Räume gibt: Müssten dann nicht die Hauptamtlichen, die vielleicht jetzt noch Seelsorge machen (also »Automechaniker/innen« sind), die Priester als »Werkstattleiter« ersetzen?[87] Würde das die schon angelaufene Veränderung des beruflichen Selbstverständnisses der Pastoral- und Gemeindereferenten und -referentinnen noch weiter beschleunigen? Werden auch sie weniger unmittelbar bei den Menschen sein, sondern stattdessen Ehrenamtliche bei deren seelsorglichen Dienst vor Ort unterstützen?

Im Zuge einer solchen Entwicklung könnte es aber geschehen, dass Seelsorge dort landet, wo sie die Befragten Pfarrgemeinderäte und -rätinnen bislang überhaupt nicht wahrnehmen und auch nicht haben möchten: bei ihnen selbst?

Eben das sieht ein Befragter kommen: *»Die Pfarrgemeinde wird ohne eigenen Pfarrer auskommen müssen. Dadurch muss der Pfarrgemeinderat sicherlich mehrere weitere organisatorische Aufgaben übernehmen. Die Seelsorge wird in dieser Form, wie sie heute von unserem Herrn Pfarrer durchgeführt wird, nicht mehr in diesem Ausmaß möglich sein. Wir werden dies jedoch verlangen!!!«* (Mann, *1957) Und schon heute gilt für 65 %: *»Für jene Bereiche, um die sich der Pfarrer nicht so intensiv kümmern kann, gibt es haupt- oder ehrenamtliche Mitarbeiterinnen und Mitarbeiter, die dies abde-*

---

86 Ob dann entgegen der bisherigen Gewohnheit Priester ehrenamtlich ihren Dienst versehen, während Laientheologen für pastorale Projekte nicht zuletzt wegen ihrer Zusatzausbildungen angestellt werden, sei zumindest als Frage gestellt.

87 Dass eine solche Entwicklung dann diese hauptamtlichen Laien »presbyteralisiert«, also so etwas entsteht wie »Laienpriester ohne Weihe«, spüren die Befragten. Dass dies von einem beträchtlichen Teil der Hauptamtlichen im deutschsprachigen Raum jetzt schon so erlebt und auch gewünscht wird, zeigt eine Studie unter Pastoralreferenten und -referentinnen 2005: Zulehner, Paul M./Renner, Katharina: Ortsuche, Ostfildern 2005.

cken.« Die Meinung dieses Mannes deckt sich mit der Ansicht vieler Pfarrgemeinderäte. So sagen 66 %: *»Kleine Pfarren haben Zukunft, wenn der Pfarrgemeinderat Leitungsaufgaben übernimmt und mehr Kompetenzen erhält.«*

Welche neuartige Verantwortung werden also künftig Pfarrgemeinderäte erhalten? Sind sie dann wie bisher dazu bestellt, Pfarrer für deren Seelsorgeverantwortung zu beraten und dabei zu entlasten?[88] Oder bilden sie ein Gremium, in dem die seelsorgliche Tätigkeit der Pfarre entworfen wird? Liegt dann bei den Pfarrgemeinderäten die Verantwortung, Ehrenamtliche aus der Gemeinde (oder anderswoher?) zu finden, welche in Teams die vielfältigen seelsorglichen Aufgaben praktisch umsetzen: im Dienst an den Armen, im Gottesdienst, in der Verkündigung des Evangeliums? Eine Befragte vermerkt dazu: *»Da in unserem Ort der Zusammenhalt großgeschrieben wird, werden alle Herausforderungen zu meistern sein. Ich gehe aber davon aus, dass wir keinen eigenen Pfarrer mehr haben werden. Umso mehr wird dann ein aktiver Pfarrgemeinderat gefragt sein.« (Frau, *1980)*

Im Blickpunkt: der Mensch

Es wäre für unsere Pfarrgemeinden eine gute Einübung in die kommenden Entwicklungen, würden sie einmal spielerisch planen, wie dann die Kirche lebt und welches die Aufgabe des Pfarrgemeinderats in einer solchen neuen Kirchengestalt ist. Dabei kann das, was der Erzbischof von Poitiers faktisch zu tun begonnen hat, eine lehrreiche Lektion sein.

So geht der Erzbischof von Poitiers konkret vor: Für ihn ist die grundlegende Kirchenstruktur morgen nicht mehr (allein) das lückenlose Netz von vor langer Zeit errichteten Pfarrgemeinden. Er setzt nicht bei den Strukturen an, sondern bei den Menschen. Wo immer sich eine größere Zahl gläubiger Menschen zusammenfindet und Willens ist, eine örtliche Gemeinschaft zu bilden,

---

88 Dabei bleibt die Frage offen, ob es dann noch Pfarrgemeinderäte in den lokalen Einheiten (Pfarren) gibt oder eher ein gemeinsames Gremium aller lokalen Einheiten im pastoralen Großraum. Die Erzdiözese Freiburg geht unter anderem diesen Weg. Der Preis ist hoch: Viele Ehrenamtliche, die sich bislang vor Ort engagiert haben, verlieren ihre Aufgabe. Kirchenbindung aber wächst über Engagement.

fragt der Bischof zunächst, ob es drei Verantwortliche für »Dienst, Wort und Zeugnis« gibt. Sodann wird im größeren Raum (dem »secteur«, unseren pastoralen Großräumen verwandt) jemand gewählt, der für die Finanzen Verantwortung übernimmt und schließlich vor allem jemand, der/die die »Basisequipe« der Ehrenamtlichen leitet. Ist das alles vorhanden, dann errichtet der Bischof diese örtliche Gemeinde kirchenrechtlich.

Bei der Errichtung wird ein Mitglied des Presbyteriums des Bischofs, also ein Priester, der neuen örtlichen Gemeinschaft zugeordnet. Dieser kommt, stärkt und begleitet im Namen des Bischofs die Gemeinde. Aber klar ist: Die Gemeinde lebt nicht mehr dank des ortsansässigen Priesters, sondern dank der Dienste der engagierten Gläubigen – einschließlich jenes Kirchenmitglieds, das die Leitung der örtlichen Gemeinschaft innehat.

Kirche in Ruf- und Reichweite

Von da aus kann der Blick in unsere Kirchengebiete fallen. Es ist (derzeit zumindest) bei keinem österreichischen Bistum geplant, das lückenlose Pfarrnetz aufzulösen, auch wenn es hin und wieder bei einzelnen Bischöfen luftballonartige Andeutungen gibt, die unter dem Druck der Pfarrer und Pfarrgemeinderäte rasch widerrufen werden. Zu sehr, so die Annahme hierzulande, braucht es für den Glauben die Beheimatung am Ort. Auch gibt es viele Menschen, die nicht oder nur in geringem Maß mobil sind: Familien mit kleinen Kindern, Menschen mit Behinderung, Alte, Kranke, Pflegebedürftige. Sie brauchen »Kirche in Ruf- und Reichweite«. Sie sind darauf angewiesen, dass Eucharistie in ihrer Nähe gefeiert wird, ist sie doch die Mitte ihres persönlichen und gemeindlichen christlichen Lebens – oder wie das Konzil dreimal[89] formulierte: Quelle und Höhepunkt.

Pfarre: Netz der diakonale Aufmerksamkeit
Zudem dient uns heute das flächendeckende Pfarrnetz als Netz der lückenlosen diakonalen Aufmerksamkeit. Das Hinschauen

---

89   Liturgiedekret SC 10; Priesterdekret PO 5; Konstitution über die Kirche LG 11.

auf die Armen, Bedrängten, verschämten Armen kann leichter geschehen. Noch mehr: Gerade die Betroffenen können mehr Hoffnung haben, nicht übersehen zu werden, wenn der Raum des Hinschauens abgesteckt ist. Dazu braucht es eine Gemeinde, die Ausschau hält und für die Armen ein »Auge« hat – eine Aufgabe, die in der syrischen Kirchenordnung dem Diakon ins Aufgabenheft geschrieben stand.

Kirche von den Menschen her bauen

Aus den Erfahrungen in der Erzdiözese Poitiers kann für uns auf jeden Fall das Fragen angeregt werden: Ist es nicht nach dem Ende der Konstantinischen Ära höchste Zeit, dass sich gerade moderne Menschen für den Glauben in aller Freiheit entscheiden? Könnten sich jetzt schon in den Pfarrgemeinden solche »örtliche Gemeinschaften« bilden, die bereits jetzt Verantwortung für ihr gemeinschaftliches Leben übernehmen? Müssten dann nicht auch die Mitglieder solcher örtlichen Gemeinden lernen, für das gesamte pfarrliche Leben Verantwortung zu übernehmen und sich auch selbst um die Leitung zu sorgen, wie das in Poitiers Grundvoraussetzung dafür ist, dass diese örtliche Gemeinschaft auch kirchenrechtlich anerkannt wird? Und was bedeutet es, dass so viele Menschen eine Eucharistiefeier in ihrer Nähe wünschen?

*»Wäre schön, wenn es in zehn Jahren noch eine Sonntagsmesse im Ort gibt.« [Frau, *1967]*

Auf dem Weg der Verheißung – inmitten der Veränderung?

Der Bedeutungsverlust als Zeichen der Zeit?

Viele der Menschen, die heute die Kirche tragen und sich in ihr für den Aufbau des Reiches Gottes einsetzen, haben ihre Glaubens- und Kirchensozialisation in einer Zeit erlebt, die heute bisweilen als längst vergangen erscheint. Das alles liegt jedoch erst ca. 30 Jahre zurück: im Blick auf die Gesamt(kirchen)geschichte besehen nicht mehr als ein Wimpernschlag, in menschlichen Dimensionen drei Generationen. Es war die Zeit, als die Volkskirche noch relativ intakt war und sich die Modernisierung der Gesellschaft in einer anderen Phase befand.

Zu den Engagierten gehören diejenigen, welche die Aufbruchsstimmung und den Frühlingswind der Erneuerung auf vielen Ebenen, ausgelöst durch das Zweite Vatikanische Konzil, intensiv erlebt haben. Es zählen aber auch jene dazu, die – eben getragen durch den Aufwind des konziliaren Aufbruchs in den 1970er- und 1980er-Jahren – intensives gemeindliches Leben erfahren konnten und/oder in der kirchlichen Jugendarbeit und Jugendverbandsarbeit glaubwürdigen Menschen begegnet sind, die den Geist des Evangeliums aus der Freiheit des Konzils geatmet haben und begeistern konnten. Wer in der verbandlichen Jugendarbeit war, hatte überdies die Chance, über die heimatliche Gemeinde hinauszukommen und Vernetzungen auf vielen Ebenen zu erleben. Und das zu einer Zeit, als es dieses Wort im eben verwendeten Sinn noch nicht gab, weil das große Netzwerk, das Internet, noch nicht existierte.

Wie bereits weiter oben beschrieben, hat das erneuerte Kirchenbild vom wandernden Gottesvolk unterwegs die innerkirchlichen Perspektiven umgewichtet. Es waren nun alle gefragt und konnten sich mit ihren Charismen einbringen. Die Grundstimmung in den 1960er- bis weit in die 1970er-Jahre hinein war getragen von Hoffnung, Zuversicht und Vertrauen in die Zukunft.

Auch die Errichtung der Pfarrgemeinderäte hat ihre Wurzeln im Konzil. Die Grundlagen dafür finden sich im Konzilsdekret über die Laien »Apostolicam Actuositatem« Artikel 26: *»In den Diözesen sollen nach Möglichkeit beratende Gremien eingerichtet werden, die die apostolische Tätigkeit der Kirche im Bereich der Evangelisierung und Heiligung, im caritativen und sozialen Bereich und in anderen Bereichen bei entsprechender Zusammenarbeit von Klerikern und Ordensleuten mit den Laien unterstützen.«* Die Empfehlung lautete, solche Gremien auf allen Ebenen der Kirche zu schaffen, was in der Folge auch geschehen ist. Vor allem in den Pfarrgemeinden wurden die Impulse des Konzils stark aufgenommen. *»Der nachkonziliare Wandel wird nirgends deutlicher sichtbar als in den Gemeinden: an der Liturgiereform, der Stellung der Laien, der ökumenischen Öffnung, an der Differenzierung der Seelsorge, an dem Aufgreifen neuer gesellschaftlicher Probleme.«*[90]

In den deutschen Bistümern gab es einen weiteren Aufbruchsimpuls durch die Gemeinsame Synode der Bistümer in der Bundesrepublik Deutschland (Würzburg 1971–1975). Ähnliches geschah in den anderen Kirchenregionen Mitteleuropas[91] sowie der weiten Weltkirche[92]. Im Zentrum der Beratung der Synoden standen – neben dem breiten Feld der kategorialen Seelsorge und der Berufsprofile der Hauptamtlichen – die Gemeinden und die Gemeindetheologie. Auch über Pfarrverbände wurde bereits intensiv und differenziert beraten – und dies noch ohne Druck des Priestermangels. Zwar ist die Phase der Umsetzung der Synodenbeschlüsse dann nicht mehr mit vollem Elan erfolgt, weil einer der amtlichen »Motoren« der Synode, der Vorsitzende der Deutschen Bischofskonferenz, Julius Kardinal Döpfner, im Juli 1976 plötzlich verstarb. Dennoch wurden vor allem die gemeindlichen Impulse aufgegriffen und auch auf diözesaner Ebene durch vielgestaltige Impulse der Seelsorge- bzw. Pastoralämter vertieft und weiterentwickelt. Das alles trug mit dazu bei, dass sich die Kirche

---

90 Zentralkomitee der Deutschen Katholiken, Kommission 8 (Pastorale Grundfragen): »Dialog statt Dialogverweigerung. Wie in der Kirche miteinander umgehen?«, Bonn 1991, 27.

91 In Österreich fanden zunächst Diözesansynoden statt. Deren Ergebnisse wurden auf dem Synodalen Vorgang auf Österreichebene gebündelt.

92 Unbedingt zu erwähnen ist die Entwicklung in Lateinamerika mit den vielen Basisgemeinden und den ihnen zugeordneten Theologien der Befreiung.

von der vorkonziliaren Priesterkirche hin zu einer Kirche des Volkes Gottes wandelte.

Parallel dazu wandelten und modernisierten sich auch Gesellschaft und Kultur. Deren Entwicklung verlief in den letzten Jahrzehnten beschleunigt, ja rasant. Dieser Wandel nahm keinen Lebensbereich aus und betraf auch die Kirchen spürbar. Die Konstantinische Ära ging fühlbar zu Ende: Kirchenmitgliedschaft war nicht mehr Schicksal, sondern Thema einer personalen – familial und kulturell gestützten – Wahl. Es kam über die weltanschauliche »Verbuntung« zum Verlust des religiösen Monopols der Kirchen, der sich auf allen Ebenen auswirkt: angefangen von den Mitgliedszahlen über den Nachwuchs bei den Hauptberuflichen (Priestern und Hauptamtlichen), hin zur regelmäßigen Mitfeier der sonntäglichen Eucharistie, der aktiven Zugehörigkeit zu einer Pfarrgemeinde und dem damit verbundenen Engagement. Auf allen Ebenen erfolgte ein Relevanzverlust, der sich nicht nur in den objektiven Zahlen bemerkbar macht, sondern auch in der gesellschaftlichen Stimmung und kirchlichen Gestimmtheit.

Obwohl viele deutsche Bistümer mit ihren Leitwörtern für den laufenden Strukturumbau einen neuen Aufbruch geradezu herbeibeschwören: Es dominieren Gefühle der Hilflosigkeit, der Enttäuschung und Trauer über den erlebten Abbruch und die Unsicherheit in der bereits lange andauernden Umbaukrise. Viele Priester und Hauptamtliche, die sich ihr Leben lang mit ganzen Kräften dafür investiert haben, den Menschen Gott nahe zu bringen und menschennahe Seelsorger und Seelsorgerinnen zu sein, müssen feststellen, dass sie in ihren Gemeinden von der Rückgangswelle genauso erfasst werden, wie andere, die ihren Einsatz schon immer etwas »lockerer« handhaben. Ähnlich erleben es auch diejenigen, die sich als Ehrenamtliche einbringen: Das Engagement trägt wenig Früchte in Richtung Wachstum; es kommen meist nur die Gleichen und auch die nicht mehr verlässlich. So könnten wohl alle in ein Schriftwort einstimmen, das sich im Buch Daniel (3,37a) findet: *»Ach, Herr, wir sind geringer geworden als alle Völker.«*

Ein Problem dabei ist, dass die Erfahrungen von »früher« der Maßstab für das Heute sind. Dabei liegt die Latte hoch, weil die inneren Bilder aus der Zeit der »florierenden Volkskirche« sehr bestimmend sind. Überdies gibt es einige, auch unter den Bischöfen, die meinen, das Zweite Vatikanische Konzil sei die eigentliche Ursache für den Relevanzverlust der Kirche bei den Menschen, weil sich die Kirche zu weit für die Welt geöffnet habe. In welcher Phase der Sklerotisierung befände sich die Kirche heute wohl ohne den Verjüngungsschub des Konzils? Dennoch wird das Jetzt mit dem Früher verglichen. Mit welcher Absicht? Ist es naive Nostalgie, Borniertheit oder Hilflosigkeit?

Es gibt – selbst wenn das jemand wollte – keinen Weg zurück. Wie aber wird es weitergehen? Man darf auch fragen: *»Wie wird ER weitergehen?«* Auch wenn es vielleicht noch zu früh für eine intensive theologische Reflexion dessen ist, was in den deutschsprachigen Kirchengebieten derzeit an Veränderung vor sich geht, eines ist sicher und verlässlich: Christus als Haupt seiner Kirche, ist mitten unter uns in allem Wandel, in allem Umbruch und aller Veränderung.

Ein kleiner Ansatz oder Anfang für eine erste theologische Reflexion wird im folgenden Abschnitt gewagt. Fortsetzung ist erwünscht.

Nach dem Verständnis des Zweiten Vatikanischen Konzils zeigt Gott seinen Willen und seine schöpferische Liebe in der Geschichte und durch sie. Die heutige Zeit und Kultur ist also in dem, wie sie uns entgegenkommt, Raum für Gottes Gegenwart und Wirken. Auch wenn nicht jedes geschichtliche Zeichen ein Zeichen der Zeit ist, heißt es in der Pastoralkonstitution Artikel 11: *»Im Glauben daran, dass es vom Geist des Herrn geführt wird, der den Erdkreis erfüllt, bemüht sich das Volk Gottes, in den Ereignissen, Bedürfnissen und Wünschen, die es zusammen mit den übrigen Menschen unserer Zeit teilt, zu unterscheiden, was darin wahre Zeichen der Gegenwart oder der Absicht Gottes sind.«*

Ist der Relevanzverlust der Kirchen auch ein »Zeichen der Zeit«? Und wenn es so ist, was will Gott uns dadurch zeigen? Stehen wir – biblisch gesprochen – derzeit weniger zwischen »Ägypten« und dem Land der Verheißung, in dem Milch und Honig fließen, wie man es bisweilen hören oder lesen kann? Denn im Bild des Exodus wäre die jetzige Situation die Wüste, die es zu bestehen und zu durchqueren gilt, um dann in der Landnahme die »heidnischen Stämme« zu vertreiben und sich in neu aufblühenden »alten Verhältnissen« wieder einrichten zu können.

Bei aller Beschwernis, welche die 40 Jahre bedeutet haben: Kann es sein, dass wir uns doch eher im Exil in Babylon befinden? Dort hat Israel in der Bedrängnis und der Reflexion darüber ein neues Gottesverhältnis gelernt und gefunden. Die Erkenntnis für Israel im Exil hieß: Wir sind nicht darauf angewiesen, dass wir Status haben. Wir brauchen kein religiöses Monopol, um Gott zu verkünden. Unsere »Mission« hat ein neues und ganz anderes Gesicht. Wir sind gerade als das, was wir sind, Zeichen Gottes unter den Völkern: vermindert und vereinzelt, der alten Privilegien beraubt, gegen unseren Willen weggeführt aus unseren vertrauten Bezügen. Und genau darin haben wir verlässlich erfahren, dass Gott mitten unter uns ist, dass er uns trägt, wie im Buch Jesaja geschrieben steht:

Ich bleibe derselbe, so alt ihr auch werdet,
bis ihr grau werdet, will ich euch tragen.
Ich habe es getan
und ich werde euch weiterhin tragen,
ich werde euch schleppen und retten. (Jes 46,4)

So sprechen zu können, war in Israel das Ergebnis eines langen und schmerzlichen Prozesses. Dazu gehörte am Anfang die Klage, die sich in den Psalmen ebenso niedergeschlagen hat wie in den Klageliedern, dazu gehörte das deutliche Wort der Exilspropheten, das zuerst über Jeremia ging und in einem zweiten Schritt durch Ezechiel und Deuterojesaja Zukunftsperspektive und hoffnungsvolle Klänge bekam. Und nach der Heimkehr (welche die erste Generation der Exulanten nicht erleben durfte) war mitnichten nichts mehr so, wie es zuvor gewesen ist. Das Wort »Krise« trägt das griechische *krinein* in sich: unterscheiden. Die Krise des Exils war für Israel die große Chance umzulernen, umzudenken, existenzieller zu werden. In unserer Sprache heißt das »Bekehrung«. Durch sie hindurch können neue Erfahrungen von Gott Raum greifen.

Für uns könnte das in Abwandlung der Erfahrung Israels bedeuten: Wir sind nicht darauf angewiesen, dass wir als Kirche gesellschaftlich hohes Ansehen haben, an dem auch die einzelnen Mitglieder der Pfarrgemeinderäte teilhaben, weshalb ihnen ihre Arbeit in der Öffentlichkeit und unter Freunden Ansehen und Ehre einbringt. Wir brauchen kein religiöses Monopol, um Gott zu verkünden. Wir können unseren missionarischen Auftrag auch dann erfüllen, wenn wir es nicht mit dem Rückenwind der Mächtigen und der Medien tun. Unsere »Mission« hat ein neues und anderes Gesicht. Auch wir sind gerade als das, was wir in unserer quantitativen und manchmal auch qualitativen Armseligkeit sind, Zeichen Gottes unter den Völkern: vermindert und vereinzelt, der alten Privilegien beraubt, gegen unseren Willen weggeführt aus unseren vertrauten Bezügen. Und genau darin erfahren auch wir verlässlich, dass Gott mitten unter uns ist, dass er uns trägt.

Joachim Wanke, als Bischof des noch relativ jungen Bistums Erfurt mit einem säkularen Umfeld bestens vertraut, schreibt: *»Wir haben die Periode einer intensiven Pfarrseelsorge mit ihrem Ideal einer umfassenden Versorgung aller Gläubigen hinter uns gelassen. In dieser Periode ist Großartiges aufgebaut und geleistet worden. Das steht außer Frage. Vieles davon wird auch weiter wichtig bleiben, weil es zeitlose Grundaufgaben für die Kirche gibt, etwa die Sammlung der Glaubenden um Gottes Wort und die Sakramente, oder die Sorge um die Kranken und Armen. Doch auch hier gilt: Das bisher Gewohnte allein eröffnet noch keine Zukunft. ... Es braucht neue Wege, um die Lebensgeschichten der Menschen und die heilende Gottesgegenwart miteinander in Kontakt zu bringen. ... vielgestaltiger als früher und vor allem ohne Berührungsängste.«*[93]

Welcher Wandel stattfindet: eine Lesehilfe

Es gibt keine Diözese im deutschsprachigen Raum, die nicht in den letzten Jahren mehr oder weniger umfassende Strukturveränderungen in Gang gesetzt hätte. Dabei ging es in den allermeisten Fällen um die Bildung größerer Einheiten bzw. Seelsorge-

---

93 Wanke, Joachim: Die Netze sind nicht leer, in: CiG 27 (2007), 1.

räume, also um eine Ausweitung des pastoralen Raums auf der Grundlage des Territoriums.

Die Umstrukturierungen in den Bistümern in Österreich und Deutschland sind samt und sonders von den Diözesanleitungen auf den Weg gebracht worden. Bei Reformen, die von oben auf den Weg gebracht werden, spricht man von »Top-Down-Prozessen«. Das Gegenteil davon sind die »Bottom-up-Prozesse«. Diese werden von den unmittelbar Betroffenen, von der Basis gewollt, angezettelt oder angestoßen. Dazu zählen z. B. das Kirchenvolksbegehren oder die Weizer Pfingstvision. Aber auch »Bottum-up-Prozesse« gelingen nicht ohne die Leitung der Organisation. Steigt diese nicht mit ins Boot oder ist sie nur halbherzig (äußerlich, aber nicht innerlich) mit dabei, bleiben die Versuche zur nachhaltigen Veränderung an irgendeiner Stelle stecken. Das – und berechtigter oder unbegründeter Druck von der Vatikanischen Kirchenzentrale auf die Österreichische Bischofskonferenz – dürfte u. a.. der Grund für das Versanden des Dialogs für Österreich sein.

Das Zweite Vatikanische Konzil war beides und in dieser Art ein Glücksfall: vom Papst einberufen und auf den Weg gebracht, aber lange erwartet und erhofft von den Menschen, die – zum Teil in vorauseilendem Gehorsam – in den verschiedenen Bewegungen manche anstehende oder erhoffte Reform unter anfänglichem Widerstand und allmählicher Duldung bereits begonnen hatten. Wenn Veränderungsprozesse vonseiten der Leitung und der Betroffenen gewollt durchgeführt werden, sind die Chancen sehr groß, dass sie gelingen.

Das Zweite Vatikanum war für die Menschen und die Organisation (von einigen Verweigerern abgesehen) ein eindeutiger Verbesserungswandel. Ein Verbesserungswandel bringt Innovation, Wachstum, Aufschwung und Aufbruch mit sich. So die Sprache der Organisationsentwicklung.

Der andere Pol dagegen heißt »schwieriger Wandel«. Dieser beinhaltet Verlust, Umdenken, Abbau. Es ist unschwer zu erraten, um welche Art des Wandels es sich bei den derzeit im Gang befindlichen Strukturprozessen handelt. Der Auslöser war mehr die Not als die Notwendigkeit. Die Not verursacht v. a. der Priestermangel, aber tendenziell auch ein stärkerer Mangel an Hauptamtlichen aller Berufsgruppen sowie deren Finanzierbarkeit. Auch der demografische Wandel in der Gesellschaft, die Überalterung, die sich ausbreitende Armut und damit Zahlungsschwäche vieler Kirchenmitglieder sowie die hohe Zahl der Kirchenaustritte steht mit der Not in Verbindung. Gerade die Kirchenaustritte machen sich – in spürbar weniger Kirchenbeitrags- bzw. Kirchensteuereinnahmen – auch in den Kassen bemerkbar.

Natürlich spielt auch der bereits kurz skizzierte Wandel in den gesellschaftlichen Bedingungen und den Lebensbedingungen der Menschen eine Rolle. Dies gilt auch für die Perspektive der größeren Lebensräume und die wachsende Mobilität (sowohl im virtuellen wie im realen Raum) sowie die Milieudifferenzierung. Ausschlaggebend war dies aber wohl dennoch nicht, denn sonst hätte man bereits eher mit der Umstrukturierung beginnen können. Wäre das Prinzip leitend gewesen: »Die Struktur folgt dem Ziel«, dann hätte man die Prozesse an einigen Stellen auch anders gestaltet, die Strukturen nicht so sehr aus der territorialen Perspektive sowie vom Priestermangel her geplant, sondern die Anforderungen an die Betroffenen von der Vision her formuliert.

Ein (alter) weiser Pfarrer aus der Diözese Passau, der Anfang der 1970er-Jahre den ersten großen Pfarrverband im Bistum aufgebaut hat, brachte es folgendermaßen auf den Punkt: *»In den 1970er-Jahren hat man neue Strukturen aufgebaut, um den Menschen in den kleinen Pfarrgemeinden zu ermöglichen, ihre Charismen zu entfalten, damit sich Gemeinde im Sinne der Synode der Deutschen Bistümer auferbaut. Heute werden die Pfarrverbände um die (noch) vorhandenen Priester herum gebaut.«*

Niemand sonst als die Kirchenleitungen hätten heute den Anstoß für den derzeit laufenden Umbau geben können. Denn Menschen suchen zum einen nicht von sich selbst aus nach gravierender Veränderung, solange es einigermaßen »läuft«. Zum anderen würden die Neustrukturierungsvorgänge längst nicht in dieser Schnelligkeit vor sich gehen, wenn sie nicht »von oben« angeordnet und zeitlich rasch durchgeführt worden wären. Für die Betroffenen (ehrenamtlich und hauptamtlich) heißt die doppelte Herausforderung in dieser Situation: Statt mit geregeltem – und auch nicht immer einfachem – Alltag hat man nunmehr mit Wandel und Verlust zugleich zu tun. Weil der Wandel in der derzeitigen Situation offensichtlich kein Verbesserungswandel ist, mangelt es oft an einem attraktiven Ziel oder an einer orientierenden Vision. Es fehlt den Menschen überdies der lange Atem, eine längere Durststrecke deshalb zu ertragen, weil diese um des Ergebnisses willen in Kauf genommen werden kann. Wohl aus diesem Grund ist man derzeit eher versucht, zu den biblischen Bildern von den mageren Jahren oder den vierzig Jahren in der Wüste zu greifen. Fern scheinen die adventlichen Visionen eines Deuterojesaja, der dem Volk in den großartigen Bildern von der jauchzenden und blühenden Steppe eine neue Heilszeit ankündigt.

Um nochmals die Organisationsentwicklung als Lesehilfe ins Spiel zu bringen: Es handelt sich bei den Strukturprozessen um einen Wandel zweiter Ordnung. So nennt man qualitative Veränderungen, bei denen es nicht um Ver- oder Nachbesserung des herkömmlichen Rahmens geht, sondern um dessen gründliche Veränderung. Dabei gibt es Druck, Brüche und harte Übergänge. In der Organisation findet ein Paradigmenwechsel statt: Neue Denkweisen sind erforderlich, der Strukturumbau erfordert vom Personal neue Qualifikationen. Es geht also nicht um einen Wandel durch kleine Schritte, der beim Wandel erster Ordnung erwünscht und gewollt ist, sondern um einen schmerzlichen Akt, den im Grunde niemand will.

Auch das Zweite Vatikanische Konzil war ein Wandel zweiter Ordnung. Er hat die Organisation nachhaltig verändert. Die unmittelbar Betroffenen in der Römischen Kurie ahnten dies und versuchten, diese Veränderung zu verhindern. Der Beherztheit von Bischöfen und Kardinälen ist es zu verdanken, dass der kuriale Widerstand nicht die Oberhand bekam, sondern der Wandel in dieser Weise auf den Weg kommen konnte.

Die laufenden Strukturprozesse der Bistümer transformieren die Organisation tiefgreifend. Es sind keine Schönheitsreparaturen, bei denen man hier noch einen Erker anbaut oder dort die Wand neu streicht. Es handelt sich um einen grundlegenden Umbau bei weiterlaufendem Betrieb. Das Anstrengende und gefühlsmäßig Belastende dabei ist, dass es meist sogenannte Downsizing-Prozesse sind. Es wird gespart. Neue Denkweisen sind in der Folge erforderlich, so die Organisationsentwicklung.

Hat man das in den jeweiligen Bistümern hinreichend bedacht und setzt entsprechende Unterstützungsmaßnahmen? Oder rechnet man insgeheim vielleicht doch damit, dass nach dem Umbau der gewohnte Betrieb weiterhin zwar auf niedrigerem Niveau vor sich geht, aber im Grunde so bleiben kann, wie er war?

Raumgerechte Seelsorge

Die Kirche wird sich also auf eine Zeit tiefgreifender Veränderung einstellen müssen. Vieles wird neu entworfen und bedacht werden. Ob es dabei nützlich sein könnte, das Konzept einer »raumgerechten Seelsorge« zu verfolgen? Könnte dieses Konzept den laufenden Strukturumbau mit einem neuen Ziel versehen? Dies wäre dann nicht mehr die Abfederung des krassen Priestermangels, sondern die Optimierung der Seelsorge unter modernen Bedingungen. Wäre dann nicht zu fragen: *Welcher pastorale Vorgang sollte, um optimal geschehen zu können, in welchem pastoralen Raum stattfinden?* Dann käme man zu einem differenzierten Raumkonzept. Eine schöpferische Spannung zwischen lokal und regional würde sich auftun. Es wäre dann sekundär, welche der beiden Räume die kirchenrechtliche Grundeinheit ist: wie bisher die Pfarre oder, wie etwa in Poitiers, der Sektor (der Pfarrverband, die Seelsorgeeinheit oder wie auch immer dieser pastorale Großraum etikettiert wird). Und noch eines: Dieser strukturelle Umbau müsste auch dann geschehen, wenn es genug Priester gäbe. Das wäre ein verlässliches Erkennungsmerkmal dafür, dass nicht hilflos und letztlich zukunftslos ein Mangel verwaltet wird, sondern die Suche nach einer angemessenen und damit besseren Art, die Aufgabe der Kirche in der Gesellschaft zu erfüllen, gut vorangeht.

Kirche als Heimat (das Lokale)

Im Konzept einer raumgerechten Seelsorge[94] wären dem Nahbereich jene Aufgaben zuzuordnen, bei denen sich die Pfarre mit den weniger mobilen Teilen moderner Bevölkerungen zusammentut: mit den Kranken, den Pflegebedürftigen, den Menschen mit Behinderung, den Alten, den Familien mit (kleinen) Kindern. Hier sind dann jene Feiern anzusiedeln, die der Biografie entlang stattfinden: Taufen, Erstkommunion, Krankensalbung, Beerdigung. Der lokale Friedhof schafft für viele Menschen eine Art Heimatgefühl über den Tod hinaus. Heimat suchen aber heute immer mehr Menschen inmitten einer wachsenden psychischen Obdachlosigkeit.[95]

Gegen das Kirchturmdenken (das Regionale)

Es gibt allerdings auch Aufgaben, die unabdingbar nach größeren Räumen verlangen. Kirchturmdenken behindert diese Einsicht – die Italiener reden liebevoll vom *Campanilismo*.

Es ist heute in einer kleinen ländlichen Pfarre kaum noch möglich, wirksame Bildungsarbeit zu machen. Längst haben sich daher die pfarrlichen Bildungseinrichtungen regional zusammengeschlossen.

Ähnliches trifft auch auf die hochmobilen älteren Jugendlichen zu. So wichtig es ist, diesen pfarrliche Räume zu öffnen:

---

94 Dieses Konzept ist verwandt, wenn auch nicht identisch mit »lebensraumorientierter Seelsorge«: Ebertz, Michael N.: »Lebensraumorientierte Seelsorge« im Bistum Mainz, in: Vellguth, Klaus (Hg.): Missionarisch Kirche sein, Freiburg 2002, 142–154; ders.: Aufbruch in der Kirche, Freiburg 2003.

95 Mich motivieren Gottes Geist und Jesu Vorbild. Mich motiviert die Möglichkeit, Gemeinsames zu schaffen. Mich motiviert die Verantwortung für die Kinder dieser Pfarre, denen ich hier Heimat geben möchte. [Frau, *1962]
Motivation: Mein Engagement im Glauben auch in diesem Bereich ausleben zu können und dadurch Impulse in der Pfarre, die mir Heimat ist, setzen zu können. [Frau, *1962]
Kirche als Heimat erhalten. [Mann, *1956]
Ich habe große Sorge, dass die Kircheninstitution sich rasant von der Kirche der Menschen entfernt. Es werden an allen Fronten nur noch Rückzugsgefechte geliefert. Nach einer offensiven, innovativen, freudvollen Kirche sucht man in der Hierarchie oft vergeblich. Eine Amtskirche, die nur noch den Mangel verwaltet, läuft sich innerhalb weniger Jahre tot. Ich fürchte, dass ohne eigenen Pfarrer unsere Kinder Kirche nicht mehr als Heimat erleben können. Wenn jetzt auch noch unsere Sekretärin nur noch halb nachbesetzt und der Kindergarten geschlossen wird, dann stirbt in der Pfarre der Kern, um den sich Gläubige sammeln können. [Mann, *1967]

Sie suchen in ihrem profanen wie auch im religiösen Leben den größeren Raum. Das gilt für die Disko genauso wie für die Jugendkirche oder das Event eines Weltjugendtages. Jugendliche gehen gern auf Fahrt, um (religiös) erfahren zu werden.

Sinnvoll ist auch, sich im größeren Pastoralraum mit spirituell Suchenden zu verbünden. Da ist es möglich, ein Stück des Weges gemeinsam zu gehen und angemessene Formen der Dienstes, des Gebets und des Zeugnisses zu finden.

Dass die diakonalen Dienste in den lokalen Einheiten oftmals organisatorisch überfordern, braucht nicht weiter dargelegt zu werden. Regional zu arbeiten lohnt sich heute auch mit Blick auf die verschiedenen Milieus[96], in denen die Menschen moderner Gesellschaften leben. Nicht jede Pfarre ist in der Lage, für alle Milieus da zu sein und auf diese empathisch einzugehen. Dann ist es gut, wenn sich Zugehörige vor allem moderner Milieus an auserlesenen Orten im größeren Raum zusammenfinden: in einer Pfarre mit einer charismatischen Seelsorgerin oder einem innovativen Seelsorger – Personen, die womöglich auch aus einem Milieu kommen, zu dem die Pfarren zumeist nur erschwert Zugang haben.

Den stärksten Impuls bekommt ein großräumigeres Denken in der Pastoral durch das Wissen um die Veränderung der Lebensräume der Menschen. Diese Lebensräume sind verschieden weit, haben eine unterschiedliche Reichweite. Es kann dabei durchaus vorkommen, dass ein und dieselbe Person hintereinander oder auch gleichzeitig verschiedene Lebensräume besiedelt. Bewegung kommt in dieses Lebensraumkonzept nicht zuletzt durch die wachsende Mobilität und Beschleunigung modernen Lebens. Mobiler werden Menschen durch Bildung, Reisen, Medien, Internet. Kompliziert ist diese wachsende Mobilität in modernen Kulturen auch deshalb, weil sie nicht alle Menschen in gleicher Weise erfasst. Es gibt mobile und weniger mobile Bevölkerungsteile. Es gibt unterschiedliche Zeiten und Orte. Weihnachten zu feiern macht viele Menschen stabil, Arbeit und Freizeit hingegen mobil.

---

96 Milieuhandbuch »Religiöse und kirchliche Orientierungen in den Sinus-Milieus®
2005«, im Auftrag der Medien-Dienstleistung GmbH, München, 2006. – Die Ergebnisse der Sinus-Milieu-Studie dienen auch als gute Wahrnehmungsschule im lokalen Raum.

Zur Stärkung der Arbeitskultur und Zufriedenheit

Geistlich arbeiten

Es gehört bei den allermeisten – wenn nicht allen – Pfarrgemeinderäten selbstverständlich zur Sitzungskultur, das gemeinsame Treffen mit einem geistlichen Impuls zu beginnen. Nach einer mehr oder weniger intensiven Phase der Einstimmung geht man dann meist »zur Tagesordnung« über. Manchmal wird auch am Ende der Arbeit noch ein Gebet gesprochen. Das ist gut so, denn das unterscheidet den Pfarrgemeinderat wohltuend von anderen Gremien, die zwar deswegen auch nicht geistlos sind, aber in denen das Wort Gottes eher nachgeordnet ist. Das sogenannte »geistliche Wort« gilt landläufig als der spirituelle Teil der Sitzung.

Was aber ist mit dem nicht geringen »Rest« der Tagesordnung? Zu welcher Kategorie zählt das Engagement um die Lebendigkeit der kirchlichen Gemeinschaft; um die diakonale Aufmerksamkeit füreinander, vor Ort und darüber hinaus; die Planung von Pfarrfesten; die Entscheidungen über Finanzen und Bauvorhaben? In der Umfrage hat sich gezeigt, dass insgesamt 37 % der Befragten (also mehr als ein Drittel) den Satz ablehnen *»Ich betrachte die alltägliche Arbeit im Pfarrgemeinderat als spirituellen Vorgang.«* Welches Verständnis von Spiritualität verbirgt sich möglicherweise hinter einer solchen Ablehnung?

Spiritualität ist »in«

Unsere Zeit ist spirituell hoch »aufgeladen«. Innovativ, suchend und offen, befreiend und erfahrungsorientiert: Diese Adjektive werden mit Spiritualität in Verbindung gebracht. Die meisten Menschen stellen in dieser Kombination leider keinen unmittelbaren Zusammenhang mit der Kirche bzw. ihren Erfahrungen mit Kirche her. Auch für einen Teil der Mitglieder von Pfarrgemeinderäten scheint dies ähnlich zu sein, wenn es um die Verwebung der spirituellen Dynamik mit der alltäglichen Pfarrgemeinderatsarbeit geht. Kann es sein, dass Spiritualität als etwas sehr Persönliches, wenn nicht gar Intimes, manchmal auch als »nur Privates« betrachtet wird, das mit der »profanen« Arbeit an einer Tagesordnung nicht in Verbindung zu bringen ist?

Eine innere Dimension des Handelns

Eine solche Verbindung ließe sich aber gut herstellen, wenn man Spiritualität als innere Dimension des Handelns versteht, die vom Handeln gar nicht abgelöst werden kann. Sie ist der Geist, aus dem heraus etwas geschieht. Ihn spürt zum Beispiel, wer ein Bildungs- oder Ordenshaus betritt. Man bekommt zumeist bereits an der Schwelle ein Gespür dafür, ob man ein offenes Haus betritt, in dem frei gesprochen und gedacht werden kann, oder ob ein anderes Klima herrscht. Ähnliches gilt für die »Geisterfahrungen« in den Dienststellen der bischöflichen Behörde: wie man eingelassen wird, wie mit den Mitarbeitenden oder den Menschen, die dorthin kommen, umgegangen wird. Dieser Geist ist für alle spürbar und erfahrbar. Beim Pfarrgemeinderat zieht er sich z. B. durch eine Sitzung; er ist eine Dimension des gesamten Handelns: Entweder als Geist der Kraft, der Liebe, der Langmut und Geschwisterlichkeit oder auch als Geist der Routine, der Verzagtheit und Niedergeschlagenheit: *»Denn Gott hat uns nicht einen Geist der Verzagtheit gegeben, sondern den Geist der Kraft, der Liebe und der Besonnenheit« (2 Tim 1,7).* Er lässt sich wahrnehmen in den Pfarrzentren, wie sie gebaut sind, welche Einrichtung dominiert, welche Bilder an den Wänden hängen, ob die Räume verschlossen oder offen sind, wer hineindarf bzw. wer erwünscht ist oder nicht, und nicht zuletzt wie die Räume riechen, abgestanden oder frisch durchlüftet, wie es etwa im zweiten Korintherbrief heißt: *»Dank sei Gott, der... durch uns den Duft der Erkenntnis Christi an allen Orten verbreitet« (2 Kor 2,14).*

Auch Jesu Reden und Handeln lassen sich nicht teilen. Er war vom Geist Gottes bewegt, ob im Gebet mit seinem Vater oder bei der Selbsteinladung in das Haus des Zachäus. Dieser Geist Gottes und Jesu Christi ist seiner Kirche zugesagt. Deshalb ist alles, was ein Pfarrgemeinderat aus christlichem Verständnis plant und unternimmt, geistlich durchwirkt, also spirituell. Das bringt die große Verantwortung mit sich, sich stets fragen zu lassen, welcher Geist herrscht.

Eingewobene und ausdrückliche Spiritualität

Diese in die Arbeit des Pfarrgemeinderats eingewobene Spiritualität kann durch einen ausdrücklichen Akt der Spiritualität (eine Bibellesung, ein Gebet, eine Meditation, eine Stille der Besinnung) genährt und gereinigt werden. Auch das Umgekehrte ist möglich: Am Ende einer Sitzung kann die der Arbeit innewohnende Spiritualität ans Licht gehoben werden und in einen ausdrücklichen spirituellen Akt münden. Zu diesem spirituellen Verdichtungsvorgang kann aber auch gehören, wahrzunehmen, wann der Geist Gottes wider die paulinische Mahnung »ausgelöscht« wurde (1 Thess 5,19). Das kann durch viele Vorgänge geschehen: durch Machenschaften und das Entscheiden im Hintergrund, durch unklare Machtverhältnisse und Grüppchenbildung, durch die Art der Leitung, durch einen uneffektiven Sitzungsstil sowie durch die Unterdrückung gottgegebener Charismen/Fähigkeiten.

Geistlich leiten

Ich kann dieses ganze Volk nicht allein tragen, es ist mir zu schwer. Da sprach der Herr zu Mose: Versammle siebzig von den Ältesten Israels vor mir, Männer, die du als Älteste des Volkes und Listenführer kennst; bring sie zum Offenbarungszelt! Dort sollen sie sich mit dir zusammen aufstellen. Dann komme ich herab und rede dort mit dir. Ich nehme etwas von dem Geist, der auf dir ruht, und lege ihn auf sie. So können sie mit dir zusammen an der Last des Volkes tragen, und du musst sie nicht mehr allein tragen. (Num 11,14.16–17)

Der Pfarrgemeinderat ist normalerweise das Gremium, bei dem vieles zusammenläuft und von dem viele Impulse ausgehen. Prinzipiell sind Pfarrgemeinderäte nicht stärker als alle anderen Gemeindeglieder gefordert, sich für das Leben, die Sorge umeinander, die Verkündigung des Evangeliums und die Strahlkraft einer Gemeinde verantwortlich zu wissen. Ihr Auftrag geht jedoch dahin, das Ganze im Blick zu haben. Solches gehört zu einer Leitungsaufgabe.

Der Pfarrgemeinderat ist demnach ein Leitungsgremium. Er leitet in einer Gemeinde, ob er das will oder nicht, weil er für diesen Auftrag ein Mandat aus der Gemeinde hat. *»Die Mitarbeit im Pfarrgemeinderat bringt die Verantwortung für die Sorge um die ganze Gemeinde mit sich, ist demnach im Blick auf Aufbau und Erhalt des sozialen Systems Pfarrgemeinde im besonderen Maß eine Leitungsfunktion.«*[97] Im Normalfall wird die Leitungsaufgabe im Zusammenspiel mit dem Pfarrer bzw. dem Hauptamtlichenteam wahrgenommen. Wo kein Pfarrer mehr am Ort ist und es keine Hauptamtlichen gibt, kommt dem Pfarrgemeinderat aus eigener Verantwortlichkeit und Mündigkeit eine Aufgabe zu, die man »pastorale Gemeindeleitung« nennen kann. Dies im Unterschied zur amtlichen Leitung, die nach dem geltenden Kirchenrecht immer ein Kleriker innehaben muss.

Eine Leitungsaufgabe hat viele Dimensionen. Lediglich ein Aspekt, der der »geistlichen Leitung« soll aus dem großen Spektrum des Leitens im Folgenden bedacht werden. Dabei werden einige wenige Facetten daraus entfaltet.

Die Vielfalt zum Klingen bringen

In den Paulusbriefen finden sich beeindruckende Listen (vgl. 1 Kor 12; Röm 12) des Könnens und der Begabungen, die Gott seiner jungen Kirche geschenkt hat. Dabei kann man sicherlich davon ausgehen, dass längst nicht alle benannt wurden, weil es schon immer so war, dass von den Stillen im Hintergrund weniger die Rede ist, als von denen, sich deutlicher bemerkbar machen. Die Charismenfülle der Menschen ist ein großer Hoffnungsüberschuss für Welt und Kirche. Daran hat sich von den kleinen Anfängen in Jerusalem, Laodizäa, Ephesus, Korinth oder Thessaloniki bis heute nichts geändert. Bisweilen verbergen sich in den Gemeinden ungehobene Schätze an Begabungen, wie in einer nicht erschlossenen Goldmine. Der Leitung kommt die schöne Aufgabe zu, sie zur Entfaltung, zum Klingen und ins Zusammenspiel zu bringen. Wie dies gehen kann? Der Schweizer Poetenpfarrer Kurt Marti hat in einem Gedicht für dieses Tun einen anschaulichen Vergleich

---

97 Norbert Schuster, Gemeindeleitung und Pfarrgemeinderat. Theorie und Praxis, München 1994, 152.

gefunden: »Und jener weise Pfarrer, der sagte: Meine Arbeit? Die eines Rutengängers, der die Gemeinde durchstreift, nach Quellen suchend, die ohne mein Zutun sprudeln, über deren Fassung, Nutzung wir allenfalls dann miteinander beraten ...« Wie ein Rutengänger sein und erspüren, wo die Charismen der Menschen sprudeln, was an Lebendigkeit und Frische eingebracht werden kann um das Evangelium in die Herzen der Menschen einzupflanzen: Das ist eine Facette geistlicher Leitung. Solche Leitung begleitet, ermutigt, motiviert, schafft die Bedingungen, dass sich eine Atmosphäre entwickeln kann, in der man dazugehören will und kann. Das wird eher möglich, wenn Sätze bzw. Killerphrasen wie »Das geht bei uns nicht«, »Das haben wir alles bereits versucht«, »Das war bei uns schon immer so«, »Da kommt doch sowieso niemand« (das nur als kleine Beispiele, für die es viele Ergänzungen gibt) möglichst für immer aus dem Wortschatz der Pfarrgemeinderäte ausgelagert werden. Neues kann nur dort wachsen, wo der Raum dafür eröffnet wird. Geistliche Leitung ist daran interessiert, dass die Vielfalt zum Blühen kommt (das Gegenteil davon ist die Einfalt). Dass die Vielfalt dann auch Konflikte mit sich bringt, gehört dazu und wird in einem anderen Kapitel behandelt.

Ermächtigung und Ressourcenorientierung

Eva Renate Schmidt, eine evangelische Pfarrerin und Begründerin der Gemeindeberatung im kirchlichen Raum, hat in einem kleinen Artikel festgestellt, dass viele Organisationen – und darin vor allem auch die Kirchen – Menschen nicht erwachsen werden lassen. *»Sie tun dies, indem sie ihren Mitgliedern oder Mitarbeiterinnen und Mitarbeitern nichts oder nicht genug zutrauen, ihre Erfahrungen nicht ernst nehmen ... das heißt, dass sie nicht mit dem Potential ihrer Mitglieder arbeiten.«*[98]

Im Kontakt mit Pfarrgemeinderäten über die Gemeindeberatung zeigt sich dieses Phänomen in umgekehrter Weise, im Sinne einer Rückkoppelung. Da besteht der Pfarrgemeinderat aus Menschen, die in ihren Berufen große Verantwortung tragen und hohe Kompetenz einbringen (müssen). Erlebt man diese Leute in

---

98 Schmidt, Eva Renate: Spiritualität in Organisationen, unveröffentlichtes Manuskript, o. J., 1.

einer Sitzung des Pfarrgemeinderates, hat man bei manchen das Gefühl, als seien diese Fähigkeiten vor der Eingangstüre abgegeben worden. Die Professionalität scheint im kirchlichen Umfeld verschwunden zu sein, als wäre eine Pfarrgemeinderatssitzung etwas ganz anderes. Sie benehmen sich dann im wahrsten Sinne des Wortes wie »Laien«, trauen sich wenig zu, ertragen schlecht geleitete Sitzungen und agieren vorsichtig.

Um diesen (Selbst)Entmündigungen, die etwas mit der Organisation zu tun haben, entgegenzusteuern, versteht sich geistliche Leitung als »Empowerment«. Ein Pfarrgemeinderat oder die Leitung dieses Gremiums geht mit seiner Macht so um, dass er oder sie andere ermächtigt. Das heißt, dass niemand in seinen Fähigkeiten beschnitten oder reduziert wird, dass man sich als erwachsener Mensch fühlen und einbringen kann. Es geht um Ermächtigung, die den Menschen zutraut, ihre Stärken ins Spiel zu bringen, die fordert ohne zu überfordern und Mut machende Vorgänge initiiert, in denen Menschen sich entfalten können. Leitung als Dienst am Leben und an der Hoffnung ist positiv orientiert an den Stärken, an Ressourcen und Möglichkeiten.

Wertschätzung und Lernen aus Erfolgen

Wenn eine Gruppe eine Aktion auswertet oder ein Projekt abschließt, dann wird sicherlich das in den Blick genommen, was gut gelaufen ist. Darüber freut man sich im Normalfall, lässt es dann aber auch stehen. Thematisiert wird ebenfalls, was nicht funktioniert hat, wo es Probleme gab und Schwierigkeiten entstanden. Plant man ein weiteres Projekt dieser Art, wird man versuchen die Probleme aus dem Vorprojekt nach Möglichkeit zu vermeiden.

Wir haben sehr stark verinnerlicht, dass man aus Fehlern lernen muss, und richten deshalb das Hauptaugenmerk auf die Schwierigkeiten. Der defizitorientierte Blick ist bei allen gut geschult und präsent. Was wäre anders, würde man die Erfolge ausgiebig auswerten und auf dieser Basis ein Aufgabengebiet erneut entfalten? Das Lernen aus Erfolgen (»Appreciate Inquiry«) ist ein Ansatz, der Ende der 1980er-Jahre an einer Universität in Ohio entwickelt wurde. Dabei werden »wertschätzende Interviews« geführt. *»Die systematischen, inspirierenden Fragen würdigen* *vorhandene Qualitäten, entdecken Neues, regen zum Lernen an. Bei der Frage nach dem ›Besten, was ist‹ hören Menschen einander zu. In diesen Momenten lebt die Organisation, und eine mögliche Zukunft wird sichtbar.«*[99]

Eine wertschätzende Erkundung könnte z. B. ein erster Schritt für den Beginn einer Zusammenarbeit in einer größeren Seelsorgeeinheit sein. In ihr wird auf das geachtet, was gelingt; es wird das wahrgenommen, was Energie, Kraft, Freude und Lebendigkeit gibt. Wertschätzende Erkundung erhebt das Beste aus der Vergangenheit, um es für die Zukunft fruchtbar zu machen, und erschließt die Potenziale, um die Möglichkeiten zu sehen. Dabei kann zum Vorschein kommen, was jede Gemeinde an Stärken hat, was sie an unverwechselbarer Geschichte in das größere Ganze einbringt. Über die wechselseitige Be(gut)achtung kann die Achtung voreinander wachsen.

Die gegenseitigen Unterschiede sind zu nutzen und nicht zu nivellieren. Die verschiedenen Mentalitäten, Arbeitsstile und Kirchenbilder machen den Reichtum sichtbar, der uns ausmacht.

Alltägliche Widersprüche offen halten und aushalten

In jeder Organisation oder jedem Betrieb gibt es Diskrepanzen zwischen dem, was als Leitwort »auf der Fahne steht« und dem, wie tatsächlich gearbeitet wird, wie die Mitarbeiterführung läuft, wie der Umgang miteinander aussieht, wie man mit »Verlierern« oder Schuldiggewordenen umgeht, welche Werte tatsächlich gelebt werden. Das gilt genauso für die Kirche. Jedoch wissen nicht nur die Kircheninternen, sondern auch die »Außenstehenden« um die realen Widersprüche zwischen dem, was einerseits im Mittelpunkt der Verkündigung steht, was uns das Evangelium grundlegt und dem, was den Alltag bestimmt.

Es gibt in der Tat in jeder Pfarrgemeinde Ansprüche, die nicht oder nur teilweise eingelöst werden können. Diese Widersprüche und Diskrepanzen sind – auch beim besten Willen – nicht gänzlich aufzuheben. Die Zusammenarbeit in einem Gremium oder zwischen Hauptamtlichen und Ehrenamtlichen kann

---

99 Königswieser, Roswitha/Keil, Marion (Hg.): Das Feuer großer Gruppen, Stuttgart 2000, 169.

zu Spannungen führen, die Verletzungen nach sich ziehen – beabsichtigt oder nicht. Es gehört zur Glaubwürdigkeit, diese Widersprüche nicht schönzureden und zu verschleiern, sondern sie anzuschauen und daran zu arbeiten. Der demütige Umgang mit den alltäglichen Widersprüchen macht fehlerfreundlicher und toleranter – sowohl mit dem eigenen als auch mit fremdem Versagen.

Großmut, Gelassenheit und ein weites Herz

Von Papst Johannes XXIII. weiß man, dass er auffallend große Ohren hatte. Was man nicht auf den ersten Blick sehen konnte, war sein großes und weites Herz. Es lässt sich erahnen aus den vielen kleinen Anekdoten, die über ihn im Umlauf sind und waren. Ein großes und weites Herz haben, Großmut, Humor und Fehlerfreundlichkeit zum Tragen kommen lassen: Das steht sowohl einzelnen als auch einer Gruppe wie einem Pfarrgemeinderat gut an, wenn sie ihre Leitungsaufgabe als »geistliches Leiten« verstehen. Es ist eine gute Erfahrung, dass es für alle Beteiligten leichter wird, wenn man manches leichter nimmt und das Lachen (auch über sich selbst) und der Humor Platz haben. Damit sind keine Scherze auf Kosten anderer gemeint, sondern eine innere Heiterkeit, die um unser aller Erlösungsbedürftigkeit weiß. Eine gelassene Heiterkeit, die ein wenig Leichtfüßigkeit an sich hat, die darum weiß, dass das Entscheidende im Leben nicht machbar ist und sich selbst nicht so wichtig nimmt. Eine Heiterkeit schließlich, welche die alltäglichen Verhärtungen etwas lösen kann und die Energien wieder in Fluss bringt. In den Worten des verstorbenen deutschen Kabarettisten Hanns-Dieter Hüsch klingt das so: »*Gott möge von seiner Heiterkeit ein Quäntchen in uns hineinpflanzen, auf dass sie bei uns wachse, blühe und gedeihe, und dass wir unseren Alltag leichter bestehen. Dass er uns bewahre vor jedem Hochmut und vor jeder Bitterkeit, und dass er uns fähig mache, weiterhin zu glauben an seine Welt, die nicht unsere Welt ist, und dass wir nicht ersticken an allem Tand und eitlem Tun ...*«.[100]

---

100 Blüm, Michael/Hüsch, Hanns-Dieter: Das kleine Buch zum Segen, Düsseldorf 2000.

Konfliktkultur

Ein Herz und eine Seele?

Kirche und Konflikte – ein Thema, das nicht gerne in den Blick genommen wird. Darf das wirklich sein bei uns? Heißt es denn nicht in der Bibel: *»Bei euch aber soll es nicht so sein« (Mk 10,43).* Und überdies ist uns doch der Satz aus der Apostelgeschichte (4,32), *dass die Gemeinde der Gläubigen ein Herz und eine Seele war,* allzu oft als Ideal hingestellt worden.

Oder hat das Unbehagen im Umgang mit Konflikten im kirchlichen Kontext auch mit der eigenen Geschichte der Kirche zu tun, die von Anfang an in starkem Maß konfliktträchtig war?[101] Die leider allzu oft daraus resultierenden Spaltungen (in Ost- und Westkirche, in Konfessionen) sind ja eine Hypothek bis in die heutige Zeit. Sie sind eine offene Wunde, die immer wieder schmerzt und für die gegenwärtig wenig Heilung in Sicht zu sein scheint.

Überdies verbindet man mit Konflikten eher ein Klima, das mit den Adjektiven dunkel, anstrengend und aufreibend beschrieben werden kann. Das Bild, das die Kirche nach außen zeigen möchte, ist jedoch ganz anders: hell, einladend, sauber, klar.

Konflikte können Entwicklung fördern

Unbeschadet dessen: Konflikte gehören zur alltäglichen Erfahrung, denn wo Menschen miteinander leben und arbeiten entstehen immer Reibungsflächen und werden Unterschiede deutlich. Das haben auch die Ergebnisse der Umfrage erbracht.

In der Konflikttheorie unterscheidet man zwischen einer Vielzahl unterschiedlicher Konflikte. Was für die Gemeinden bzw. auch für die Pfarrgemeinderäte möglicherweise in Zukunft ein stärkeres Thema sein könnte, ist der Verteilungs- oder Ressourcenkonflikt. Denn das Konfliktpotenzial erhöht sich, wenn Veränderungen oder Umbrüche auf dem Weg sind und »Erbhöfe« infrage gestellt werden.

---

101 Als zwei Beispiele unter vielen möglichen seien das sogenannte »Apostelkonzil« (Apg 15,1–35 nach der lukanischen Darstellung; Gal 1,1–10 aus der paulinischen Perspektive) und die heftigen Auseinandersetzungen der Synoden in den ersten Jahrhunderten genannt.

Konflikte haben Sinn und sind notwendig, weil durch sie Entwicklung in Gang kommt. Der Sinn von Konflikten spielt sich u. a. zwischen vier Polen ab:

Zum einen in der Spannung von Einheit und Vielfalt und zum anderen in der Spannung zwischen Bewahrung des Bestehenden und Veränderung. Die Bewahrenden stehen dabei für die Position: *»Es soll so bleiben wie es ist«*, oder *»Nur wer sich nicht ändert, bleibt sich treu«*. Diejenigen, welche die Veränderung wollen, vertreten die Prämisse: *»Stillstand ist Abbau«* oder *»Nur wer sich ändert, bleibt sich treu«*.

Der Präsident des Zentralkomitees der Deutschen Katholiken, Alois Glück, hat in einem seiner ersten Interviews den Umgang der Kirche mit Konflikten kritisiert. Denn nicht Konflikte sind problematisch, sondern die Art, wie sie ausgetragen werden. Bereits Paulus und die deuteropaulinischen Schreiber suchten zu ihrer Zeit nicht vorschnelle Harmonie, sondern die »Einmütigkeit«: *»Ich ermahne euch aber, Brüder, im Namen Jesu Christi, unseres Herrn: Seid alle einmütig und duldet keine Spaltungen unter euch; seid ganz eines Sinnes und einer Meinung« (1 Kor 1,10)*. Diese Einmütigkeit setzt einen Prozess voraus, in dem die verschiedenen Standpunkte und Überzeugungen nicht unterdrückt werden, sondern Platz haben dürfen und müssen.

Bereits am Anfang: ein Veränderungskonflikt

Konflikte sind in jeder Organisation notwendig, um die nötige Weiterentwicklung zu ermöglichen. Denn ohne Konflikte kann nichts Neues wachsen. Der erste kirchliche Veränderungskonflikt ist in der Apostelgeschichte und dann noch einmal aus der Perspektive des Paulus im Galaterbrief überliefert. Es ging dabei um die sehr entscheidende Frage, ob Heidenchristen das jüdische Gesetz halten müssen oder nicht. Im Grunde hing vom Ausgang dieses Konfliktes die Ausbreitung des Evangeliums über den jüdischen Bereich hinaus ab. Im Kapitel 2 des Galaterbriefes, Verse 11–14 schreibt Paulus:

Als Kephas aber nach Antiochia gekommen war, bin ich ihm offen entgegengetreten, weil er sich ins Unrecht gesetzt hatte.

Bevor nämlich Leute aus dem Kreis um Jakobus eintrafen, pflegte er zusammen mit den Heiden zu essen. Nach ihrer Ankunft aber zog er sich von den Heiden zurück und trennte sich von ihnen, weil er die Beschnittenen fürchtete. Ebenso unaufrichtig wie er verhielten sich die anderen Juden, so dass auch Barnabas durch ihre Heuchelei verführt wurde. Als ich aber sah, dass sie von der Wahrheit des Evangeliums abwichen, sagte ich zu Kephas in Gegenwart aller: Wenn du als Jude nach Art der Heiden und nicht nach Art der Juden lebst, wie kannst du dann die Heiden zwingen, wie Juden zu leben? (Gal 2,11–14)

Was Paulus hier beschreibt, war kein sanftes Feedback an Petrus. Er bezichtigt ihn und andere der Unaufrichtigkeit. Sein mutiges Auftreten und das darauf folgende Ringen und Suchen nach einer guten Lösung haben einen epochalen Entwicklungsschub ausgelöst, der bis heute wirkt: Die Kirche wurde universal. Es war möglich über die bisher bekannten Gebiete missionierend und verkündigend hinauszugehen. Die Grenzüberschreitung des Paulus hat die Grenzen der Kirche geweitet.

Entscheidend ist, so zeigt das biblische Beispiel, dass Konflikte nicht übergangen oder ausgesessen, sondern angegangen werden. Und auch dann heißt es nicht, dass anschließend wieder »alles in Butter« ist. Nicht jeder Konflikt ist in dem Sinne zu lösen, dass alle zufrieden sind. Manchmal braucht es, um aus dem Konflikt herauszukommen einen klaren Schnitt in Form einer Trennung, wie dies z. B. auch bei Abraham und Lot der Fall war (Gen 13,1–12).

Oder es müssen Regeln gefunden werden, an die sich beide Seiten zu halten haben. Wo Konflikte nicht »gelöst« werden können, muss ein »modus vivendi« gefunden werden, eine Art und Weise damit zu leben, ohne sich das Leben schwer zu machen oder die Atmosphäre zu vergiften.

Nie und nimmer

Aber wie sollen Mitglieder einer Gemeinschaft damit leben, dass bestimmte Konflikte – wie es zumindest den Anschein hat – unlösbar sind? Viele, die in den letzten Jahren für die Reduzierung von pastoralen Konflikten in der Kirche gekämpft haben, erlebten eine entmutigende Erfolglosigkeit: die Kölner Erklärung, das Kirchenvolksbegehren, die Laieninitiative sind Beispiele dafür. Besonders irritiert sind viele Frauen, die nicht verstehen können, dass ihnen der Zugang zu kirchlichen Ämtern (vom Diakonat angefangen) verwehrt wird, und das mit Argumenten, die in der theologischen Forschung nicht unumstritten sind. Vielmehr wird amtliche Autorität eingesetzt, um den Konflikt zu beenden. Faktisch ist er aber nur unter den Kirchenteppich gekehrt. Kann sich eine so starke Gemeinschaft wie die Kirche das leisten? Hat sie selbst nicht schon in zwei ganz gewichtigen Fragen lernen müssen, dass ihr autoritativ ausgesprochenes »Nie-und-Nimmer« nicht gehalten hat? Sie musste dabei rückblickend auch erkennen, dass sie mit solchem Beharren auf das Gewohnte der Kirche keinen guten Dienst erwiesen hat. Das eine »Nie-und-Nimmer« stammt aus dem Jahre 1864, wo der damalige Papst Pius IX. dekretierte, dass sich die Kirche »nie und nimmer« mit den modernen Freiheitsrechten anfreunden werde, schon gar nicht mit der Religionsfreiheit. Das Zweite Vatikanische Konzil hat 101 Jahre später gelehrt, dass Religionsfreiheit dem Innersten des Evangeliums entspringt. Welche geistigen Konflikte, Leiden und Schäden wären der katholischen Kirche erspart geblieben, hätte sie das zur damaligen Zeit vielleicht sogar als mutig eingeschätzte »Nie-und-Nimmer« nicht gesprochen. Das zweite Beispiel hat noch größere Tragweite und wurde gerade zuvor erwähnt. Petrus war der Ansicht, dass jemand Jude werden müsse (mit Beschneidung und Gesetz), bevor er zur Taufe zugelassen werden könne. »Niemals werde ich von diesen unreinen Speisen essen«, so seine Erklärung als erster Papst. Dann schickte ihm Gott dreimal in einem Traum zu Joppe die Nachricht, dass er es anders haben möchte. Könnte es sein, dass Gott seiner Kirche auch zu jenem »Nie-und-Nimmer« ein neues Joppe (vielleicht ein Konzil) schickt, mit dem Johannes Paul II. 1983 die Unmöglichkeit bekräftigte, dass Frauen zum Priesteramt zugelassen werden können? Manche Konflikte scheinen durch noch so viel Druck von unten[102] nicht gelöst werden zu

---

102 Bei den autoritativen Konflikten (wie Frauenordination, Änderung der Zulassungsbedingungen zum Amt, Geschiedene und Wiederverheiratete ...) handelt es sich aus der Sicht der Konflikttheorie um sogenannte »kalte Konflikte«. Diese verur-

können, sondern nur dadurch, dass Gott die Verantwortlichen »in Träumen« lehrt, dass er selbst es anders haben will.

Mittleres Konfliktniveau

Man spricht in der Konfliktforschung davon, dass ein mittleres Konfliktniveau in Organisationen am fruchtbarsten ist. Zu wenige Konflikte zeigen an, dass die Organisation stagniert und wenig leistet, dass sie sozusagen schläft. Ein zu hohes Konfliktniveau hingegen absorbiert die Energien, die für die Leistungserbringung notwendig sind: Die Organisation ist dann nur mit sich beschäftigt. Wenn ein zu hohes Konfliktniveau vorhanden ist, fehlen überdies meistens die Aus-Blicke, die Visionen. Dann ist es ein Gebot der Stunde, daran zu arbeiten, was das je größere Gemeinsame, was die gemeinsame Aufgabe ist.

Die größeren Seelsorgeräume können die Konflikthäufigkeit – gerade in der Phase des Werdens – vergrößern. Denn hier spielt sowohl die Frage der Einheit und Vielfalt als auch die Spannung zwischen Veränderung und Bewahrung eine sehr starke Rolle. Wenn die Einheit auf Kosten der Vielfalt zu gehen scheint, erleben sich vor allem die als bedroht, die aus den kleinen Einheiten kommen. Wie ist die Balance zu halten, wie viel Differenzierung ist nötig und wie viel Integration möglich? Das erfordert Fingerspitzengefühl von den Verantwortlichen. Es ist ein altbekanntes Thema in den Ortskirchen im Blick auf Rom.

Unterstützung bei Konflikten

In einigen Diözesen gibt es ausgebildete Mediatoren und Mediatorinnen, auch die Gemeindeberaterinnen und Gemeindeberater verfügen über Handlungskompetenz im Umgang mit Konflikten. Noch bevor Positionen auf dem Weg zur Verhärtung sind, kann es heilsam sein, sich jemand von außerhalb hereinzuholen. Meistens wird allein durch die Anwesenheit »Dritter« schon der Umgangston anders. Das ist bereits der erste Schritt.

---

sachen enormen Schaden, weil die vom Konflikt Betroffenen keinen Druck mehr machen, sondern eher innerlich emigrieren, innerlich kündigen oder die Organisation ganz verlassen.

Vom Reichtum der Vielfalt

In Fragen des gläubigen Lebens besteht in den Kirchen eine beträchtliche Vielfalt. So sind laut Umfrage die Menschen unterschiedlicher Ansicht, ob die »*Kirche in unsere Zeit passt*«: Hier geht es um die Frage einer zeitgemäßen Kirche, um ihre »Modernität«, um die Fähigkeit und Offenheit, die »Zeichen der Zeit« zu lesen, sich also an dem zu orientieren, was die Zeitgenossinnen und Zeitgenossen umtreibt. Eine befragte Frau, 39, klagt in diesem Zusammenhang stenographisch:

»So kann's nicht weitergehen − es ist wie ein Kampf gegen zwei Fronten − einerseits Volk will zeitgemäße Kirche − Diözese entscheidet hintenherum und erzkonservativ − wir stehen zwischen den Fronten und müssen ausgleichen/-baden, was von oben herab befohlen und von unten herab kritisiert − undankbarer Job, Buhmanngefühl!!«

Der Ort der Frauen

Verschieden sind die Vorstellungen über das Amt der Priester, über die Beweglichkeit in der Liturgie, über die Rolle der Laien, insbesondere über die Stellung der Frauen in der katholischen Kirche – obgleich in der Frauenfrage in den Pfarrgemeinderäten eine beträchtliche Offenheit besteht und sich viele den Zugang zur Diakonats- und ein kleinerer Teil auch zur Priesterweihe nicht nur vorstellen können, sondern diesen auch vehement fordern: *»Ich halte es für überaus wichtig, dass die Kirche endlich auch Frauen für dieses Amt zulässt, auch wenn es schon (zurzeit noch) undenkbar erscheint, Frauen zu Priesterinnen zu weihen«,* so schreibt eine 42-jährige Frau. Es ist einerseits erfreulich, dass der Frauenanteil in den Pfarrgemeinderäten seit deren Bestehen von Wahl zu Wahl angestiegen ist. Andererseits ist zu fragen, ob sich nicht die Männer aus den Pfarrgemeinderäten lautlos zurückziehen, weil man in ihnen so wenig bewirken kann? Immerhin hat ein Drittel aller Befragten das Gefühl, dass man im Pfarrgemeinderat nichts bewegen kann.

»Pluralitätstoleranz«

Wie aber kann mit solch einer Vielfalt gelebt werden, dass sie nicht als bedrohlich und konfliktproduktiv erlebt wird, sondern als Bereicherung und Quelle von Dynamik und belebender Spannung zwischen den Generationen, den Geschlechtern, den unterschiedlichen kirchenpolitischen Positionen?

Dies gelingt dann, wenn die Personen im Pfarrgemeinderat jene Eigenschaft haben, die Hermann Stenger und Heribert Wahl »Pluralitätstoleranz« nennen. Sie entspringt der Freude an der Vielfalt, am Reichtum und an der Buntheit der Schöpfung. Dabei ist nicht nötig, dass die Andere, der Andersdenkende, von Haus aus leicht zu ertragen sind. Für Ertragen steht lateinisch *tolerare*, wovon sich das Wort »Toleranz« ableitet.

Zudem rechtfertigt die Tatsache, dass jemand anders denkt, nicht von vornherein die Annahme, dass der andere sich irrt. Solches gilt es auszuhalten und in positive Energie zu transformieren.

Schon bei der Studie an den Priestern in Zentraleuropa im Jahr 2000 hat sich gezeigt, dass es ideal wäre, wenn ein »zeitgemäßer Gemeindeleiter« mit einem »zeitlosen Kleriker« befreundet sein könnte.[103] Denn beide »Typen« haben etwas, was dem jeweils anderen fehlt. Im friedfertigen Austausch können beide gewinnen. Dasselbe gilt für die Pfarrgemeinderäte: Jüngere haben den Älteren etwas zu sagen, Glaubensskeptiker den Gefestigten, Weltzugewandten den Weltabgewandten, Spirituelle den nicht so frommen Mitgliedern, Moderne den Traditionellen.

Pluralitätstoleranz hat eine spirituelle Seite. Sie gründet auf der Begrenztheit der Einzelnen und verweist darauf, wie sehr wir aufeinander angewiesen sind. Auch mahnt sie davor, zu meinen, jemand hätte die ganze Wahrheit und der Andersdenkende würde immer irren.

Auf schöpferische Weise die Vielfalt »ertragen« zu können gelingt jenen Personen leichter, die ein gefestigtes Ich haben. Personen mit einem schwachen Ich neigen dazu, sich vom Anderen, vom Fremden bedroht zu fühlen. Sie lehnen es dann im Grad ihrer

---

103 Zulehner, Paul M./Hennersperger, Anna: Sie gehen und werden nicht matt. Priester in moderner Kultur, Ostfildern ²2002.

Schwäche umso aggressiver ab. Es sind manchmal jene, welche mit der modernen »Freiheit in Selbstverantwortung« wenig anfangen können und sich freiheitsflüchtig allein auf die von Lehrsätzen geschützte Wahrheit berufen.

Die Zahl jener Menschen, vor allem junger, nimmt zu, die sich von der zugemuteten modernen Freiheit angesichts wachsender Lebensrisiken überfordert fühlen. Sie versuchen daher, inmitten verbriefter Freiheit die lästig werdende Last der Freiheit wieder loszuwerden. Das macht sie bereit, sich »blind«, also ohne weiteres Argumentieren, (laut)starken Autoritäten zu unterwerfen und/oder straff organisierten Gruppen und leider sogenannten »fundamentalistischen« Bewegungen anzuschließen. Im politischen Bereich folgen sie oftmals den Populisten rechts und links und sind öffentlich wie auch privat, im Tun und im Sprechen gewaltgeneigt. Auch Fremdenfeindlichkeit findet man bei ihnen. Männer mit einem eher schwachen Ich sind gefährdet, gegen Frauen oder auch Kinder gewalttätig zu werden. Die Priesterweihe schützt davor ebenso wenig wie das Ehesakrament oder Taufe und Firmung.

Gegen solche Persönlichkeitsschwäche hilft allein eine geduldige Stärkung der Persönlichkeit. Solange die Schwäche anhält, ist es schwer, mit solchen Personen zu diskutieren und ergiebig mit ihnen zusammenzuarbeiten.

Es gibt in der Studie einen Anhaltspunkt für eine dergestalte Ichschwäche und eine daran geknüpfte Unterwerfungsbereitschaft unter Starke und Gewaltneigung gegen Schwache. Es ist jener Autoritarismus, in dem der Forscher Theodor W. Adorno den Grund sah, dass im letzten Jahrhundert so viele Menschen bereit waren, totalitäre Führer zu begrüßen und ihnen zu folgen. Nachfolge Jesu verlangt nicht nach solcher sklavischer Unterwerfungsbereitschaft, sondern entspringt einem freien, horchenden und liebenden Herzen. Erfreulich ist, dass der Anteil der Autoritären, so die Studie, in den Pfarrgemeinderäten mit 15 % sehr niedrig ist. Der Vergleichswert für die österreichische Bevölkerung liegt bei 55 %!

Urwünsche

Selbstentfaltung und Selbstverwirklichung sind nicht inhaltsleer. Sie werden durch die Ursehnsucht nach einem »Leben in Frieden« geleitet – zu einem solchen hat Gott uns berufen (1 Kor 7,15). Schalom, ganz sein, im Frieden leben aber stellen sich dann ein, so die Wissenschaft vom Menschen, wenn drei Urwünsche »vorkommen« können – in diesem begrenzten Leben nicht vollendet, wohl aber im Fragment.

Lange war in der Wissenschaft geforscht worden, welches die Grundbedürfnisse menschlichen Lebens sind. Es war dem deutschen Forscher Gerhard Schmidtchen[104] gelungen, drei elementare Bedürfnisse aufzudecken. Dazu hatte er die Deutschen gefragt, was ihnen so »heilig« im Sinn von unantastbar ist, dass sie darüber nichts kommen lassen. Diese drei Bedürfnisse werden deshalb »Lebensheiligtümer«[105] genannt. Man kann sie auch als Urwünsche bezeichnen.

Einen Namen haben

Da ist als erster der Urwunsch nach einem Namen. Konkret heißt dies, zu erfahren, dass man einmalig und nicht austauschbar ist, eine eigene Lebensgeschichte hat (und nicht – wie einst Frauen – eine Fußnote in der Lebensgeschichte eines anderen/eines Mannes). Wichtig für diese Erfahrung nach Individualität, nach der Würde einer einmaligen Persönlichkeit ist, dass man Ansehen genießt: also einen jemand buchstäblich ansieht. Das beginnt mit der Mutter, die ihr Angesicht über dem Säugling leuchten lässt, und endet bei Gott, von dem wir gleichfalls erbitten, dass er sein Angesicht über uns leuchten lässt. Bitter ist es, sein Gesicht zu verlieren, gut, sich einen Namen zu machen. Gott hat sein Volk beim Namen gerufen (Jes 43,1). Er liebt es, vor jeder Leistung und in aller Schuld.

---

104 Schmidtchen, Gerhard: Was den Deutschen heilig ist, Freiburg 1976.
105 Zulehner, Paul M.: Religion im Leben der Österreicher, Wien 1982.

Heimat erleben

Der zweite Urwunsch hat mit Heimat und so mit dem Wurzeln zu tun. Der Mensch braucht einen Ort, an dem er sich niederlassen kann, den man buchstäblich »besitzt«. Dieser Wunsch geht einher mit dem Bedürfnis nach Wohnen. Auch das Beiwohnen hat mit dem Platz zu tun, den man im Herzen eines geliebten Menschen gefunden hat. Das Land ist uns wichtig, oftmals auch die letzte Ruhestätte, das Grab. Jesus ging voran, uns Fremdlingen[106] im Himmel eine bleibende« Wohnung zu bereiten.

Macht besitzen

Der dritte Urwunsch kann mit Macht umschrieben werden. Es ist der Wunsch nach dem Wachsen, nach einer eigenen Geschichte, nach Kreativität und Freiheit, etwas »machen« zu können, Gestaltungsmacht zu haben. Solche schöpferische Macht ist etwas ganz anderes als destruktive Gewalt auszuüben. Es ist die uns innewohnende Dynamik, uns zu verwirklichen. Der Mystiker Eckhart sagt Gott nach, dass es sein Wesen ist, ständig zu gebären.

Urwünsche sind allgegenwärtig ...

Diese drei Urwünsche tauchen in Mythen und Märchen auf. Sie begegnen, wenn es um die Kultur von Beziehungen geht (lieben und geliebt werden, gelten und gelten lassen, geben und nehmen[107]). Die Begegnung Jesu mit einem Aussätzigen folgt ihrer Kraft (vgl. Mt 8,1–4).[108] Auch die drei evangelischen Räte orientieren sich just an diesen drei Lebensheiligtümern: Das liebende Aussein der Jungfräulichkeit nach Gott entspricht dem Wunsch nach einem Namen; der Gehorsam ist die zugespitzte Form des

---

106 Die wir in der »paroikia« leben, das ist im Griechischen das Wort für Fremde und Heimatlosigkeit. Das Wort Pfarre leitet sich davon ab: Wir sind eine Gemeinschaft, deren »Heimat im Himmel« ist (Phil 3,20).

107 Siehe dazu die einschlägigen Studien von Heigl-Evers, Annelise/Heigl, Franz: Eheleute unter sich. Eine tiefenpsychologische Studie. Bd.1: Geben und Nehmen in der Ehe, Göttingen ³1971; Bd. 2: Gelten und Geltenlassen in der Ehe, Göttingen ²1967; Bd. 3: Lieben und Geliebtwerden in der Ehe, Göttingen ²1971.

108 Mehr dazu in: Zulehner, Paul M.: Fundamentalpastoral. Kirche zwischen Auftrag und Erwartung, Düsseldorf 1989, 17–24.

Wunsches nach Freiheit und Macht; Armut schließlich hat mit Heimat und Besitz zu tun.[109]

Wo diese drei Grundwünsche »vorkommen« können, empfinden wir das Leben als lebenswert. Können sie nicht vorkommen, wenden sie sich gar ins Gegenteil, lässt sich von »sozialem Tod vor dem Tod« sprechen. Dann erlebt sich der Mensch austauschbar, ohnmächtig und (psychisch) obdachlos.

... auch im Ehrenamt

Dass diese drei Urwünsche vorkommen können, ist bei näherem Zusehen auch ein Anliegen, das mit der Tätigkeit im Pfarrgemeinderat verbunden wird. Sie prägen eine Arbeitskultur, die nachweislich nicht nur wirksam, sondern auch befriedigend ist. Zwischen den Urwünschen und einer professionellen Arbeitskultur gibt es gute Verbindungslinien:

- Der Urwunsch nach *Macht* kann vorkommen, wenn die Mitglieder der Pfarrgemeinderäte entscheidend gestalten, also buchstäblich etwas machen können.
- Der Urwunsch nach *Heimat* kommt vor, wenn Teamarbeit und Gemeinschaft gepflegt werden.
- Der Urwunsch nach *Ansehen* schließlich hat eine Chance, wenn es gediegene Evaluierung, differenzierte Kritik, Anerkennung und Wertschätzung gibt.

---

109 Zulehner, Paul M.: Leibhaftig glauben. Lebenskultur nach dem Evangelium, Mainz 2008.

Von der Kostbarkeit guten Rates, oder: Damit die Kirche nicht rat-los wird

Wie auch die Umfrage zeigt, hat der Rat im kirchlichen Feld – und das nicht nur bei den Pfarrgemeinderäten – gegenwärtig leider keinen allzu hohen Stellenwert. »Nur beratend« kann man oft hören. Gemeint ist damit, dass Bedeutung ausschließlich dem oder denen eingeräumt wird, die »beschließend« tätig sind oder sein müssen, die Entscheidungen treffen können und damit Gestaltungsmacht haben.

Ist der Rat und noch dazu »guter Rat« wirklich so marginal zu sehen? Warum erscheint es dann andererseits so wichtig, dass sich Verantwortliche in Politik und Kirche nach guten Beratern und Beraterinnen umsehen? Auf der »oberen Ebene« wird der Rat gemeinhin für wichtig befunden. Er stellt ja in der Tat nicht die Alternative zur Entscheidungsbefugnis dar. Er trägt vielmehr dazu bei, dass der Boden für gute und ausgegorene Beschlüsse bereitet werden kann, so, wie der Pflug das Erdreich für die Saat aufbricht.

Wer sich dem Rat anderer verweigert, gilt nicht umsonst als jemand, der von allen guten Geistern verlassen ist. Denn von seinem (biblischen) Grund her ist der Rat eine Gabe des Geistes Gottes. Wo er mit »Esprit« gebraucht wird, kann er dazu beitragen, dass sich die Wahrnehmung weitet und viele Gesichtspunkte berücksichtigt werden und zur Sprache kommen.

Gott, der »wunderbare Ratgeber«

Biblisch erfährt der Rat vor allem im Alten Testament eine hohe Wertschätzung. Mose verändert auf den Rat seines Schwiegervaters Jitro hin den Umgang mit dem Volk (Ex 18,19), der Giloniter Ahitofel war ein geschätzter Berater Davids, bevor er die Seite wechselte und zu Abschalom überlief. In 2 Sam 16,23 wird über ihn gesagt: *»Ein Rat, den Ahitofel gab, galt in diesen Tagen so viel, als hätte man ein Gotteswort erbeten.«* In den nachexilischen weisheitlichen Lehrreden im Buch der Sprichwörter wird der Rat mit Weisheit und Klugheit in Beziehung gesetzt (Spr 8,12; 12,15). Das sehr späte Buch Jesus Sirach preist den Rat als lebendigen Quell

(Sir 21,13b), der Rat des Gesetzes wird mit den Tiefen des Ozeans verglichen (Sir 24,29) und der Rat des eigenen Herzens als der Beste betrachtet (Sir 37,13).

Höchster Urheber des Rates aber ist Gott selbst, er *»lässt aus dem Dunkel sicheren Rat aufleuchten«* (Sir 32,16), er berät den Menschen, auf seinen Wegen zu bleiben (Ps 16,7). Und schließlich ist der »Wunderrat« oder »wunderbare Ratgeber« ein messianischer Ehrentitel (Jes 9,5).

»... dass der beste Rat zur Annahme komme«

Bis in die Frühzeit der Kirche lässt sich die hohe Wertschätzung des Rates und der Beratung erheben. An zwei Beispielen soll dies verdeutlicht werden.

Für Bischof Ambrosius von Mailand († 397), einem der Kirchenväter der westlichen Kirche, haben die Ratgebenden eine wichtige Vertrauensstellung. Wer Rat gibt, der hat nach dem Verständnis von Bischof Ambrosius ein »Ehrenamt« im wahrsten Sinne des Wortes inne. Sie besitzen für ihn eine Vertrauensstellung, der er Achtung und Respekt erweist. Er beschreibt dies folgendermaßen: *»Es versteht sich vielmehr von selbst, dass derjenige, von dem man Rat erbittet, höher steht als der Bittende: man würde ja niemand zu Rate ziehen, von dem man nicht annehmen zu müssen glaubte, dass er besser im Stande sei, etwas klar zu stellen, als eigenes Verständnis leisten kann.«*[110] Ratgebende sollen über die Grundtugenden von Klugheit und Gerechtigkeit verfügen.

Eine ähnliche Auffassung lässt sich auch bei Johannes Chrysostomus († 407) finden. Er war Patriarch (Erzbischof) von Konstantinopel und wird zu den Kirchenvätern des Ostens gezählt. Bei ihm kommt noch ein weiterer Gesichtspunkt in den Blick. Johannes Chrysostomus ist – in heutiger Formulierung – zielorientiert und denkt vernetzt. Er bedenkt die zu beratenden Vorgänge im Hinblick auf das Ergebnis. Um der guten Lösung für die Gesamtheit willen setzt er darauf, dass persönliche Interessen, wie edel

---

110 Ambrosius, Von den Pflichten der Kirchendiener II.c.8.41, in: Thalhofer, Valentin (Hg.): Bibliothek der Kirchenväter. Auswahl der vorzüglichsten patristischen Werke in deutscher Übersetzung, Kempten 1879.

und uneigennützig sie auch sein mögen, oder eine bestimmte Form des Lobbyismus nachrangig zu sein haben. Für die Gestaltung des (kirchlichen) Zusammenlebens ist der Gemeinschaft der Vorrang vor Einzelinteressen einzuräumen. Diese Prämisse gilt für alle und nimmt nicht etwa die Leitenden oder Amtsträger aus.

Mit den Worten des Kirchenlehrers: *»So sehen wir denn nicht hochmütig über jene hinweg, welche das Beste raten, mögen sie nun auch zu den Untergebenen und Geringsten gehören; und verlangen wir nicht, es müsse das, war gerade wir vorbringen, um jeden Preis zur Geltung kommen; vielmehr soll das, was sich als zuträglich erweist, von allen angenommen werden. Denn gar manchmal sieht ein schwaches Auge eher etwas als ein scharfes, weil es eben eifrig und gespannt auf die Sache schaut... fern aller Überhebung und Anmaßung wollen wir darauf sehen, nicht dass unsere Meinung durchdringe, sondern dass der beste Rat zur Annahme komme, wenn er auch nicht von uns ist ausgegangen.«*[111]

Ohne Widerspruch und Widerstand kein guter Rat

Wenn jemand zur Beratung herangezogen oder um Rat gefragt wird, dann heißt das, dass er oder sie hohe Wertschätzung genießt. Denn guten Rat zu geben erfordert ein weises Herz, weiten Blick, Klarheit, Klugheit, Umsicht, Einfühlungsvermögen sowie die Fähigkeit zur Entschleunigung.

Und umgekehrt darf auch der Mensch, der sich Rat erbittet und bereit ist, ihn anzunehmen, nicht nur »ratlos« sein. Wer sich raten lassen will, braucht ein bestimmtes Maß an Demut, bedarf einer Haltung der Offenheit, der Bereitschaft, hören zu wollen, sich etwas sagen zu lassen und eine möglicherweise bereits gefasste Entscheidung auch wieder zur Disposition zu stellen. Rat ist daher von Grund auf dialogisch. Er ist *eine* Form der Mitwirkung aller am Auftrag der Kirche. *»Ohne angemessene Verwirklichung von Rat-geben und Rat-nehmen kann offenbar die Verwirklichung von Communio kaum gelingen. Ein angemessenes*

---

111 Chrysostomus, Homilien über den II. Korinther-Brief, Achtzehnte Homilie; Nutzanwendung, in: Thalhofer, Valentin (Hg.): Bibliothek der Kirchenväter. Homilien über die Briefe des hl. Apostels Paulus, Dritter Band, Kempten 1879.

Verständnis dieses Beziehungsgefüges erweist sich damit letztlich als eines der Scharniere, in denen eine entfaltete Theologie der Communio und die hierarchischen Strukturen des Amtes zusammenlaufen können.« [112]

In diesem Beziehungsgefüge kann und muss der Rat auch eine kritische Funktion haben. Hier ist von Vorteil, dass die beratenden Gremien – in diesem Fall die Pfarrgemeinderäte – normalerweise gewählt und nicht ernannt werden. Wer nur zustimmt oder Beifall bekundet: wem nützt das? Der Ratnehmende hat das Recht darauf, in dem, was an seinem Standpunkt defizitär ist, nicht allein gelassen zu werden. [113]

Widerspruch und Widerstand sind somit eine gewichtige Seite guten Rates, soll er nicht zur Ja-Sagerei verflachen. Dies unterstützt auch der c. 127 § 2.3 im Kirchenrecht von 1983, der von der Verpflichtung spricht, die Meinung aufrichtig vorzutragen. Canon 127 beschreibt die grundlegende Bedeutung des Rates und betont die Verpflichtung eines (Ordens-)Oberen, den Rat des jeweiligen Gremiums einzuholen. Unterlässt der Obere dies bei geforderter Einberufung, ist, so c. 127 § 2.2, seine Handlung rechtsunwirksam. Auch wenn der Obere nicht verpflichtet ist, nach übereinstimmender Stellungnahme zu handeln, so dieser Canon weiter, darf er nicht ohne sehr gewichtige Gründe anders entscheiden, als das Beratungsgremium ihm vorgeschlagen hat. Wer ohne Grund einen Rat – zumal einen einmütigen – ausschlägt, verletzt demnach sowohl das Recht als auch das Vertrauen. *»Damit wird jenseits rechtlicher Verpflichtungen ein moralischer Appell an alle diejenigen gerichtet, die einen Rat anzuhören haben: Sie dürfen nicht mutwillig, unüberlegt zumal von einer einhelligen Stellungnahme des Ratsgremiums abweichen, sondern es bedarf hierzu wohlüberlegter Gründe. Der kodikarische Gesetzgeber leistet hier einen, wie es scheint, nicht unbedeutenden Beitrag zur Pflege einer Gesprächskultur zwischen Verantwortungsträgern und ihren Ratsgremien.«* [114]

---

112 Leder, Gottfried: Rat-Geben und Rat-Nehmen. Zur Mitverantwortung von Priestern und Laien im kirchlichen Dienst, in: Stimmen der Zeit 207 (1989), 75–87, hier 75.
113 Leder, 76.
114 Primetshofer, Bruno: Kanonistische Bemerkungen zu den österreichischen Pfarrgemeinderats- und Pfarrkirchenordnungen, in: ÖAfKR 42 (1993), 156–177, hier 161.

Schaden entsteht aber nicht nur, wenn der Rat nicht aufgenommen und nicht ernst genommen wird. Schaden wird der Gesamtheit einer Gemeinde oder Gemeinschaft auch zugefügt, wenn der Rat verweigert und die damit verbundene Verantwortung nicht übernommen wird. Eine Form kann sein, dass sich Pfarrgemeinderäte bei ihren Sitzungen mit allen möglichen Randthemen beschäftigen, die bisweilen nicht einmal peripher mit dem Verkündigungsauftrag der Kirche zu tun haben.

Ratgeben und Ratnehmen sind Vorgänge auf Augenhöhe

Es gibt viele gute Beispiele gelungener Arbeit und Zusammenarbeit, die von Pfarrgemeinderäten geleistet werden. Dass dennoch bei einigen manchmal die Wahrnehmung benannt wird, nur »die Laienspielschar« oder auch die Lückenbüßer zu sein, hat mit der Grundeinstellung mancher Amtsträger zu tun. »*Das Eigentliche*«, so kann man von diesen bisweilen hören, »*machen aber immer noch wir*«. Solche Aussagen können verletzen, disqualifizieren aber vor allem den, der sie macht. Wer ernst nimmt, was nach langem Ringen als geistvolles Ergebnis der Be-Ratungen der Konzilsväter Eingang in die Kirchenkonstitution gefunden hat, lässt sich davon nicht beirren.[115]

Pfarrgemeinderäte sind nicht die Handlanger des Pfarrers, sondern Mitarbeitende Gottes und Bauleute an seinem Reich. Die Haltung der möglicherweise erlebten Geringschätzung aufzubrechen, statt sich in die Resignation, die innere Kündigung im Ehrenamt oder die Verweigerung zu begeben, gehört ebenfalls zur dialogischen Kultur des Ratgebens und Ratnehmens. Denn *»die Inhaber des Amtes bedürfen des kritisch-befreienden Dienstes, der sie als einzelne und als Gruppe aus jeder eingefahrenen Selbstbefangenheit löst und sie für den Anspruch Jesu Christi im Evangelium und in der Wirklichkeit der Gemeinde offenhält ... Sie müssen sich deshalb durch die anderen Gemeindemitglieder immer*

---

115 Zur Stärkung empfohlen sind z.B. die Artikel Lumen Gentium 30 bis 33; auch ein Blick in Artikel 37 kann erhellend sein.

wieder daran erinnern lassen, dass sie auf die Seite der Hörenden und Glaubenden, Suchenden und Fehlenden gehören«. [116]

Ratgeben und Ratnehmen sind Vorgänge, die kein Oben und Unten ertragen. Sie finden auf Augenhöhe statt. Guter Rat ist eine große Kostbarkeit. Dass ein Gremium »Pfarrgemeinderat« heißt, ist nach diesem Verständnis Auftrag und Auszeichnung zugleich. Nicht umsonst heißt es im Psalm 16,7: *»Ich preise den Herrn, der mich beraten hat.«*

---

116 Pottmeyer, Hermann Josef: Theologie der synodalen Strukturen, in: Exeler, Adolf (Hg.): Fragen der Kirche heute, Würzburg 1971, 164–182, hier 179.